恐怖箱

厭還

つくね乱蔵

竹書房
怪談
文庫

※本書に登場する人物名は、様々な事情を考慮してすべて仮名にしてあります。また、作中に登場する体験者の記憶と体験当時の世相を鑑み、極力当時の様相を再現するよう心がけています。現代においては若干耳慣れない言葉・表記が登場する場合がありますが、これらは差別・侮蔑を意図する考えに基づくものではありません。

装画／芳賀沼さら『ゆらぎ』

まえがき

見えないゴール

ここ数年、死の形が気になるようになった。

例えば自分に訪れる死は、どんな形をしているのか。

体力が衰え、徐々に命が擦り減っていき、ふっと息を引き取るのが理想だ。

可能ならば、畳の上で家族に見守られて旅立ちたい。

折に触れて、そんなことばかりを考えてしまう。

これは仕方ない。私は、既に人生を折り返して何年も歩いている。

まだまだ先と信じているゴールは、意外にすぐ目の前かもしれない。

自分だけではない。家族や親戚も同じように年老いる。私事になるが、今年は身内を一人亡くしてしまった。

いずれにせよ、丁寧に歳を重ねて天寿を全うできたのなら、それは幸せである。

家族は寂しいだろうが、納得できる別れ方だ。

時間は掛かっても、いつかは諦めが付く。或いは淡い思い出にできる。

嫌なのは、唐突に現れる死である。

いつものように歩いていたのに、車が突っ込んでくる。通り魔に出会ってしまう。

何十年かに一度の天災に襲われる。

病気一つしなかった人が、昨日まで元気に笑っていた人が、いきなりいなくなる。

家族や他人を思いやり、誠実にまっすぐに生きていても関係ない。

逆に、常日頃から憎悪や軽蔑の対象になっている人が長生きする。

突然の死は、過去の行動や業績で人を選ばない。

所詮は他人事と呑気に構えている人も範疇《はんちゅう》である。いつ、自分に起こっても不思議ではない悲劇だ。

いわば、見えないゴールがあちこちに立っているようなものである。

それでもまだ、そのゴールが察知できれば、危機一髪のところで回避できる可能性はある。

厄介なのは追いかけてくるゴールだ。

逃げても逃げても、形を変えて飲み込もうとするゴールは確かにあるのだ。

よろしいか。

貴方が思っているより、遥かに死は近い。今の貴方には見えないだけだ。
信号が青に変わり、一歩踏み出した途端、死が突っ込んでくる。
眠りに就いたが最後、体内の何処かに死が湧いてくる。
それは誰にでも起こり得ることだ。
繰り返す。自分には関係ないとは言い切れない。
薄らとでもいい、常に死を覚悟しておくべきである。
では、そういった覚悟ができていない人達はどうなるのか。

確認していただきたい。
この先に様々な形の死を用意した。
そのうちの一つに、貴方が仲間入りしないよう祈る。

目次

3 まえがき
8 何も分からない
12 二十年目の私
18 壁の顔
23 平均値
28 午前二時の老人
36 死ぬ気で頑張る
42 母の花
48 蛇叔母
53 クラウドファンディング
60 煮凝り
63 長男の嫁
69 写真はない
73 有給休暇の理由
77 赤いタオル
80 最高の娯楽
86 待ち人来たらず

91 本音と建て前
97 反撃
101 裏表なし
105 左手
110 総員撤収
115 旅の思い出
119 目印
123 不幸中の幸い
129 お手本
135 グラス割り放題
138 脂部屋
147 住み込み
154 赤いマニキュア
161 破格の家賃
168 そのときは近い
176 破棄される部屋
181 日常の女
186 ぬいぐるみの肉
193 美しい家
203 名前を付ける
213 山の人
220 あとがき

何も分からない

このところ、松岡さんは原因不明の体調不良に悩まされていた。

具体的にどうこうというのではなく、何となく身体が重く、気分が優れないのだという。特に気になるのは頭痛だ。激しく痛むわけではない。軽く締め付けられる感じがするだけだ。

幾つかの病院で調べてもらったのだが、判で押したように自律神経の乱れと診断される。

日常生活に支障を来《きた》す程ではないが、どうにも不快で仕方ない。

常に苛ついている自分に気付き、もう一度大きな病院で、徹底的に診察を受けることにした。

その病院に向かう途中のことである。

松岡さんは友人の曽我と出くわした。

今から病院に行くのだと伝えると、曽我はこんなことを言った。

「マジか。お前が言ってた通りじゃん。なぁ、病院よりは寺とかに行ったほうが良いんじゃないのか」

何のことなのか、まるで分からない。怪訝そうに首を傾げる松岡さんを見て、曽我は泣きそうになっている。

病院の予約はキャンセルできない。後でまた連絡すると言って、その場は別れた。

その夜、曽我から長文のメールが届いた。


お前は二週間前に、若槻と二人で心霊スポットに行っている。

行き先は聞かなかったが、県境にある廃屋とか言っていた。

お前は現場から俺に画像を送ってきた。それには何故か三人写っていた。

何処にでもいるような特徴のない男が、お前らの後ろにいたんだ。

それは誰だって訊いても返事が来ない。

二十分後ぐらいだったと思う。お前からいきなり電話が掛かってきた。

出たら、お前は泣いてた。

「ヤバい、ヤバいよここ、マジでヤバい。曽我、覚えといてくれ、俺と若槻がおかしくなったら、ここに来たせいだって教えてくれ」

何が何だか分からなくて、しっかりしろって言ったんだけど、お前は全く無視して喋り続けてた。

「ヤバい、また先回りされた、若槻はダメかもしれん、曽我ぁ助けて、嫌だ触るなあっち行け」

で、最後の最後に、こう言って電話が切れた。

「触られたっ！　頭触られた、気持ち悪い吐きそう」

お前、何かされてるよ。病院なんかじゃ治んない。若槻は連絡しても反応ないし、早く何とかしたほうがいい。

それと、悪いけどお前とは縁を切らせてもらうし。若槻にもそう言っといて。

読み終えた途端、激しく頭が痛んできた。松岡さんは必死に思い出そうとしたのだが、何一つ浮かんでこない。

思い出そうとすると万力で締め付けられるように痛む。

スマートフォンを徹底的に調べてみたが、それらしき履歴は残っていなかった。

若槻は電話に出てくれない。噂によると、親が捜索願いを出したらしい。

お祓いには何度か行ったが、何が取り憑いているかすら見えない奴らばかりだった。

男が憑いていると言い当てたのは一人だけだが、これは触れない、上手に付き合っていくしかないと見捨てられた。

松岡さんは途方に暮れた。

あの夜、自分はどこに行ったのか。そこで何をされたのか。今現在、自分に何が起こっているのか。

一切分からないまま、今日も頭痛を抱えて暮らしている。

12

二十年目の私

以前、上西さんから聞いた話は、正直なところ使えそうになかった。

ふとした瞬間に、少女が見えるというのだ。その少女に何かされるわけではない。生活や体調に変化が生じた覚えもない。しかも一瞬で消える。

これではどうしようもない。とりあえず何か進展したら教えてほしいと取材を終えるしかなかった。

その上西さんから連絡が入った。少女の正体が判明したという。

それは、平成最後となった正月の出来事である。

上西さんは二十年ぶりに故郷で新年を迎えていた。

最後に帰省したのは、大学を卒業した年だ。意識して避けていたわけではない。仕事の関係上、年末年始が休めなかったのだ。

結婚し、退職した後は夫の帰省に同行していた為、二十年もの年月が流れたのである。

今年、夫と息子はスキー旅行に向かった。

上西さんは寒い場所もスキーも苦手な為、帰省を選んだ。

嬉しいことに、高校の同窓会の連絡も貰っていた。

上西さんは朗らかな性格で友人も多く、常に出席を望まれていた。

毎年、その期待を裏切っていたのだが、ようやく出席できる。

当日、上西さんはお気に入りの着物で集合場所へ向かった。

高揚する気持ちを抑え切れず、自然と笑顔になってしまう。

二十年ぶりの出席が皆に知れ渡っていたらしく、上西さんは拍手と歓声で出迎えられた。

皆、年相応な外見になっていたが、辛うじて名前が分かる。

とりあえず乾杯を済ませ、それぞれの近況を報告し合った後は、あちこちで思い出話に花が咲き始めた。

とはいえ、殆どの者が毎年出席しており、似たような話の繰り返しになってしまう。

二十年ぶりの上西さんは、当然ながら話題の中心に据えられ、次から次へと思い出が披露されていった。

体育祭のリレーで見せた奇跡のごぼう抜き、合唱コンクールの見事な指揮、三年の文化祭の最終日に見せた号泣など、語った途端に皆が涙ぐんでしまい、それを茶化す者もまた涙ぐむという熱い展開になった。

「それにしても」

話を切り出したのは牧野という男だ。当時、牧野は常に悪戯《いたずら》ばかりしている男だった。そんな男が真面目な顔で言った。

「上西さんは、旧校舎に感謝しないとな」

そうだな、それは言えてる、良かったわよねぇ。

全員がたちまち旧校舎の話題に乗ってきた。今までは話題に上ったことがなかったらしく、一気に場が盛り上がり始めた。

それに付いていけないのは、上西さんだけであった。

妙なことに、その旧校舎の思い出が一つもないのだ。

「旧校舎に出るのは兵隊だよな?」

「違うわよ。病気で卒業できなかった女生徒でしょ」

「何言ってんだ、あの場所に封印された悪霊だろ」

この人たちは何を言っているのだろう。兵隊、女生徒、悪霊。

それが旧校舎とかいう所に出るとでもいうのか。

「その全部かもしれないよ。そんな場所によくも上西さんを閉じ込めたもんだよね」

話が見えてきた。

どうやら、幽霊が出ると噂される旧校舎に閉じ込められたようだ。

主犯の牧野は何度も頭を下げ、照れ臭そうに謝っている。

黙ったままの上西さんが怒っているとでも思ったのか、訊かれてもいないのに事の次第を説明し出した。


二年の文化祭の後片付けが終わった後、帰るのが何となく惜しかっただろ。

だから肝試しやろうぜって。

旧校舎の東側から入って、長い廊下を進んで西側へ抜ける。幽霊が出るって噂の教室の前を通らなきゃいけない。

皆はきゃあきゃあ騒いで喜んでやったけど、あの頃の上西って陰気だったじゃん。

嫌だって逃げたから、皆で捕まえて閉じ込めたまま帰ったってわけ。


そこまで聞かされても、上西さんには心当たりがなかった。二年の文化祭の片付けが終わった後、皆でお好み焼き屋に行ったではないか。

自分の記憶ではそうなっている。

牧野の話はまだ続いた。

だけど驚いたよな。次の日から上西さん、正反対の性格になっちゃってさ。授業は真っ先に手ぇ挙げるわ、生徒会長に立候補するわ、大学の推薦は真っ先に取るわ、凄かったよな。まるっきり別人だもんな。

その瞬間、上西さんの頭に笑い声が響いた。一人ではない。何人もが同時に笑った。知らず知らずのうちに、上西さんも笑いながら言った。

「別人だったりして」

その夜、二次会からの帰り道で上西さんは全てを思い出した。

あのときまでの自分は、無口で人見知りで、座っているだけで精一杯だった。

今の自分は本当の自分ではない。

現れては一瞬で消えるあの少女こそが自分だった。

「というわけなのよ。驚いちゃったわ」

何とも気楽な様子だ。これからどうするのか訊いてみた。

二十年、こんな感じで生きてきたんだから、今更どうしようもない。
このままで行くしかない。
上西さんは、そう言い切った。

壁の顔

石橋さんの家は、寂れた商店街の一角にある。

石橋さんが越してきた頃は、まだ昔からの街並みが色濃く残っていた。十年程前、一棟のマンションが建ったのを切っ掛けに、毎年のように建築が続き、今では民家のほうが圧倒的に少ない。

最近になって、新たなマンションの工事が始まった。

何軒かの民家が立ち退きに応じ、広い更地に変わった。

石橋さんの真裏の家もその一つである。おかげで、石橋さんの家は、西陽をまともに受けるようになってしまった。

今までは、その民家が日陰を作ってくれていたのである。

西陽を浴びながら、石橋さんは壁面の掃除を思い立った。マンションが完成したら、入居者から丸見えになるだろう。

薄汚れた壁の貧乏臭い家だと思われるのは癪《しゃく》に障る。

水をかけるぐらいしかできないが、やらないよりマシだ。

期末試験の勉強中の息子も、気晴らしに手伝うという。

思い立ったが吉日とばかり、表に出て洗車用のホースを延ばした。

さて、どこから始めようかと壁を見上げる。

妙な物が見えた。二階の窓の左側だ。訝しげに息子が言った。

「お父さん、何であんな所に人の顔が描いてあるの」

確かに人の顔だ。墨で描かれたように黒々と太い線である。

勿論、自分や家族が描いたものではない。そもそも手が届かない。隣家と密接していた為、はしごや脚立を使えるような余地もない。

方法があるとすれば、一つだけ。今はなき隣家の窓から手を延ばすぐらいである。

そうだったとしても、一体何の為か。

とにかくこのままでは見た目が悪い。石橋さんは、ホースを絵に向けた。

何の変化もない。何を使ったのか分からないが、水をかけたぐらいでは歯が立たないようである。

とりあえず間近で確認するしかない。石橋さんは息子とともに、二階へ向かった。

上半身を窓から出し、左側を見る。

「あれ？」

思わず声が漏れた。予想していた場所に見当たらないのである。

更に身を乗り出してみたが、やはり見当たらない。

念の為、窓の周りを全て確認する。顔は窓の上部にあった。

下から見たときは確かに左側だった。百歩譲って、左右の見間違いなら良い。

上と左側を間違うだろうか。息子は何だか気味が悪いと言い残し、部屋を出ていった。

もう一度確認する。間違いない、男の顔は上にある。

もっとよく見ようと首を延ばした途端、顔が瞬きをした。

驚いた石橋さんは、慌てて窓から離れた。座り込んで窓を見つめる。

何だあれは。有り得ないだろう。繰り返し呟いても状況は変わらない。

とにかくもう一度、確認するしかない。石橋さんは外に出て、恐る恐る壁を見上げた。

顔は窓の下部に移動していた。どうやってだか、あの顔の絵は移動するのだ。

掃除などやっている場合ではない。石橋さんは、大急ぎでホースを巻き取り、家に戻った。

さてどうしたものか。色々と思案するものの、良い考えが浮かばない。

あの窓のある部屋に近づくのを止めるぐらいしか思いつかない。

そうこうしているうちに、夜になってしまった。

翌日、石橋さんは朝早くから絵の確認に出た。

淡い期待を嘲笑するかのように、顔の絵はしっかりと壁にあった。見なかったことにする。幸い、家の中に実害は及んでいない。

妻と息子にもそのように言い聞かせ、石橋さんは仕事に出かけた。

とはいえ、不思議なことに妻には顔が見えず、気持ち悪いことを言うなと叱られただけであった。

そうやって一週間が過ぎ、マンションの建設が始まった。

境界線上に高い塀が立ったおかげで、壁を見ずに過ごすことができる。

何カ月か経過し、マンションが完成。高い塀も撤去された。

石橋家は、マンションの共用通路と向かい合う形になっていた。

さて、顔はどうなっているだろう。まだ、あるのだろうか。

久しぶりに勇気を奮い起こし、石橋さんは確認に向かった。

残念ながら顔はあった。それどころか、以前よりもリアルになっている。

墨で描いたような絵だったのに、今は立体的に浮かび上がっている。

顔の彫刻が貼り付けてあるかのようだ。

唖然とする石橋さんを見下ろし、顔はにたりと笑った。

その笑顔に見覚えがある。隣家で暮らしていた老人だ。

立ち退く直前まで家族と揉めていたと聞く。

マンションには続々と入居者が引っ越してきた。壁の顔に気付き、ぎょっとする者もいれば、全く気付かない者もいる。

今のところ、マンションには何も起こっていない。

パトカーや救急車が来る回数が、比較的多いだけだという。

平均値

西村さんは、今でこそ真面目に暮らしているが、若い頃は随分と無茶な日々を送っていた。

質《たち》の悪い仲間と組んで、ありとあらゆる犯罪に手を染めていたそうだ。

窃盗、強姦、恐喝など好き嫌いなくやった結果、最も儲かったのは振り込め詐欺だった。

始める際、参考になったのは新聞記事やテレビのニュースである。

この二つは、詳しいやり方を分かりやすく丁寧に教えてくれた。

見よう見まねでやってみると、いきなり百万円が手に入った。これは良いということで、腰を据えて本格的に始めたのだという。

まだ、世の中に被害が浸透していない頃の話だ。嘘のように儲かったらしい。

おかげで、人手が足りなくなってきた。西村さん曰く「身元の確かな人間」を募集したそうだ。

その結果、浜口という有望な新人が見つかった。金を引き出す仕事をやらせたところ、初めてにしては落ち着いてやってのけた。

多少、根が暗いようだが、着実な仕事のおかげで信頼を得るようになった。

何カ月か経った頃、浜口が突然辞めたいと言い出した。怖くなったのだという。

折角育てた人材である。幾らでも代わりはいるだろうが、手間を考えると面倒だ。内部情報が漏れる可能性は何よりも避けたい。

大丈夫だ、怖いことなんかない、パクられたところで無期懲役や死刑になるわけがない。熱意を込めて説得したのだが、どうしても怖いらしい。いい加減苛立った西村さんは、浜口を問い詰めた。

「西村さんとか気付いてないでしょうけど、俺らメッチャ恨まれてますよ」

それはそうだろう。必死で貯めた老後の資金を騙し取られるのだから、恨まれないはずがない。

ただ、それは相手が俺らだと分かった場合だ。あいつらは、相手が分からないまま、ぼんやりと憎しみを保っているだけだ。

そのような内容のことを理路整然と捲くし立てた。しばらく黙り込んでいた浜口は、ぼそっと呟いた。

「だから怖いんですよ」

一体何のことかと訊く西村さんに、浜口はこんなことを言った。

相手が分からないから、結局は諦めるしかないのは確かです。泣き寝入りするしかない。でも、憎しみは残ります。一人や二人じゃない。何百人の人が俺らみたいな詐欺集団を恨む。その恨みがあちこちから集まってる。

「西村さんの後ろにもいますよ」

俄かには信じられない話である。そこまで言うのなら、それを絵に描いてみろとなった。

浜口は西村さんの背後をじっと見つめて描き始めた。時折、顔を上げて描くこと十数分。

出来上がった絵には、一人の男が描かれていた。

「何百人の恨みがどうこう言っていたくせに、たった一人じゃん」

西村さんがそう言って笑うと、浜口は憐れむような目で言った。

「誰にぶつけて良いか分からない憎しみが集まって、形になったのがこれです。謂わば、憎しみの代表者。これと同じのが、皆の後ろに一人ずついますよ。多分だけど、オレオレ詐欺やってる奴ら全員の後ろにいるんじゃないかな」

西村さんは絵を見直した。特徴がまるでない。性別も掴めない。平均的な人間としか言えない。

何処にでもいそうな、けれど何処にもいない顔だ。

出ていくとき、浜口は再度念を押すように言った。

「俺らメッチャ恨まれてますからね」


それから数年後、西村さんは逮捕された。

特殊詐欺は厳罰を与えられ、初犯でも六年以上は確実だろうなと警官から聞かされ、西村さんは初めて後悔したそうだ。

予想通り、七年の実刑を受けた。

出所後、更生して社会復帰した西村さんは、真面目に働く道をしっかりと歩き、老人相手の奉仕作業にも精を出すようになった。

少しでも己の犯した罪を償いたかったからだという。

その姿を見たのが、今現在の奥さんである。奥さんは西村さんの過去も知った上で結婚を決めた。

今では四歳になる娘がいる。妻を愛し、子煩悩な西村さんは、良き夫であり良き父親になれた。

つい最近だが、その娘が幼稚園で絵を描いた。

大好きなお父さんという題材だ。
それを見た妻が首を捻りながら笑った。
「何で大好きなお父さんが二人いるんだろ」
西村さんらしき人物の背後に、男が描かれてある。
娘が言うには、お父さんの後ろにずっといるそうだ。
その男の顔は、かつて浜口が描いた男と瓜二つであった。

午前二時の老人

有村さんはリストラ後、警備員になった。

三年目を迎えた正にその日、それまでいた現場が入札で負けてしまい、契約解除となった。

幸い、物件を豊富に抱えた警備会社であった為、直ちに新しい現場に配属となった。

とある企業の工場である。今までとは違い、場内を巡回しているだけでは仕事にならない。訪問客や運送業者の受付業務も任務のうちである。

慣れない仕事で気疲れは絶えないが、それも夕方までの辛抱だ。

終業時間を過ぎれば、僅かな残業者を残して社員は帰ってしまう。正門前の道路は、夜ともなれば人も車も極端に減る。

おかげで、朝までのんびりと過ごせた。守衛室も清潔で使いやすく、共に勤務する同僚も気のおけない連中ばかりだ。

有村さんはこの現場に骨を埋めるつもりになっていた。

ようやく勤務に慣れてきた頃、それは起こった。

ぼちぼち交替で夕食を摂ろうとしていたときだ。守衛室の横に警察のバイクが止まった。

降りてきた警官は軽く会釈し、訪ねてきた理由を述べた。

近所に住む老人が行方不明になったというのだ。守衛室は軒先に防犯カメラが設置されている。正門前全体を捉えている為、当然ながら道路も撮っている。

そのカメラの映像を見せてほしいと警官は言った。有村さんは、とりあえず管理担当者に連絡を入れた。

どうやら以前にもそういった事例があったようで、担当者はあっさりと承認してくれた。

招き入れた警官から時間を訊き、画面を検索する。ハードディスクに保存されている為、瞬時にスタートポイントが現れた。

深夜零時から明け方五時という大雑把な幅である。歩くのが遅いとのことで、八倍速でも捕捉可能と判断して再生開始。

貸し出した鍵の受け取りや、入場カードの整理など所定作業を終え、有村さんも検索に参加した。

モニターには、いつも通りの光景が流れている。日中でも通行量が少ない道路であり、殆ど画面に変化は見られない。

時折、車が通り過ぎるぐらいだ。

行方不明になった老人は、八十五歳の男性。上下とも緑色のジャージで白いスニーカー

いのである。

を履いているという。

残念ながら、守衛室にいては判別不可能だ。夜間は窓ガラスが反射して、外部は見え難

延々と再生を続け、ようやくそれらしき人影が通った。表示された時刻は午前二時十三分である。八倍速から通常の速度に戻し、一旦停止して確認する。

光量が不足し、明確に緑色のジャージだとは断言できないが、恐らく該当人物だろうと思われた。

警官は時刻と進行方向を控え、礼を言って帰っていった。確認がてら、もう一度再生していた有村さんは妙なことに気付いた。

老人は両腕を前に突き出したままの状態で歩いている。

まるで映画に出てくるゾンビだ。同僚にも見せたが、同じ感想であった。

こんなの夜中に見たら怖いだろうなと笑い話にして、その日の当務を終えた。

こういった場合、警察が結果を報告してくれることは少ない。

聴取した場所が多く、個人情報の保護も絡んでくるからだ。

その為、この老人の件は有村さんの記憶の片隅に追いやられてしまった。

思い出したのは、それから五カ月後である。

本部に十八時の定時報告を実施した直後、受付前に警官が立った。

行方不明の老婆を捜索しているという。本日未明から四時頃までの間に、この付近を通った可能性があるとのことだ。

その瞬間、有村さんは前回の老人の件を思い出した。

今回も同じ流れで映像を確認し始める。八十歳になったばかりの老婆で、軽い認知症があるらしい。

老婆は、午前二時二十五分に映像に現れた。

警官が立ち去った後、有村さんはまじまじとモニター画面を見つめた。

老婆は、両腕を前に突き出したままの状態で歩いている。

僅か二回だが、どうしても偶然とは思えない。こんな格好で歩く人など見たことがない。

あまりにも気にする有村さんを見かねたのか、同僚がアドバイスをくれた。

こういった突発事項があれば、必ず申し送りがあるはずだ。

過去の申し送り帳を調べたら、何か分かるのではないか。

確かにその通りである。申し送り帳は全部で十冊。

大体、一冊が半年分だ。十冊で五年前まで遡れる。有村さんは休憩時間を利用し、一冊ずつ丹念に読み進めていった。

ありふれた内容が殆どだ。既に退職した者の書き込みも多い。

一冊目の中頃で、探していた記述を見つけた。


警察が来て監視カメラの映像をチェックしていきました。八十二歳の女性が行方不明とのこと。

検索の結果、二十四日の午前二時十七分に該当者らしき通行人あり。この件、管理には報告済みです。


この女性がその後どうなったかは記されていない。無論、両腕を前に突き出していたかどうかも分からない。

ただ単に、午前二時台という共通点があるだけだ。

その次は三冊目まで飛んだ。これは明らかに違っていた。映像に現れた時刻は午後三時。しかも車椅子に乗っていたと書かれてある。

五冊目の終わり近くに三件目があった。

七十九歳の男性、十七日の午前二時三十二分に映像ありと記されてある。

それは、広い範囲を修正テープで隠された上に書かれてあった。灯りに透かしてみると、子供と追尾という二文字が読み取れた。

十冊全て読み終え、判明した行方不明者は五年間で八名。そのうち、午前二時台に確認された者は五名であった。

同僚は、この辺りは老人が多く、介護施設も近所だけで四つあるから、むしろ少ない方だという。

果たしてそれが正しいのかどうかは判断できない。とりあえずは、この修正された文章が気になって仕方ない。

翌日、有村さんは出勤してきた警備隊長に修正した理由を訊いてみた。

訊くだけ無駄かと思っていたのだが、隊長はあっさりと答えてくれた。

「これ、杉本が書いた奴だな。意味不明な内容だったから書き直せって叱ったんだよ。ページ丸ごと切り取ればいいのに、わざとこんな風にしやがった」

何がどう意味不明だったのかは、顛末《てんまつ》書が残っているから読めば分かる。そう言って隊長は話を切り上げた。

その日の勤務が明け、有村さんはわざわざ居残って杉本の顛末書を読んだ。

杉本は十七日の深夜、実際にその老人を見ていた。

本来は禁じられているのだが、守衛室の外でタバコを吸っていたらしい。背後から足音が聞こえたので振り向くと、老人と子供が歩いてきた。

老人は、前を歩く子供の両肩に手を乗せ、よたよたと進んでいく。

杉本はぼんやりと二人を見送っていたのだが、急にこれはまずいのではないかと思い直し、名前と行き先だけでも訊いておこうと後を追った。

ほんの少し前、しかも老人と子供である。その割に足が速い。あっという間に突き当たりの交差点に達している。

おかしいではないか。よたよたと歩いていた老人が、何故あれほど足が速い。

いよいよ気になった杉本は、何と守衛室を放置して後を追ったのである。

戻ってきたのは一時間後であった。

これが大問題になり、杉本は早々に現場から外された。

最後の最後まで杉本は、自分が見てきたものを言いふらしていたという。

「この先にデカい墓地があるんだが、そこが目的地だったんだと」

そこには沢山の子供達がいて、老人を囲んで口々に「行こう」「行こう」と言っていたそうだ。

有村さんは今でもその現場で働いている。
相変わらず、行方不明になる老人は後を絶たない。
午前二時台が何人いるかは教えてくれなかった。

死ぬ気で頑張る

梅本さんは勤続年数二十年のベテラン警備員である。

今までの配属先は京都府内の寺院だったが、新しい場所への辞令を受けた。

二年前に立ち上げた物件だが増員を要請された為、週に二、三日手伝うことになったのだという。

隊長として現場を仕切るのは大沢。研修で隣り合わせ、二、三会話を交わした覚えがある。

梅本さんと同じくベテランである。

ただ、社内では評判が良いほうではない。どちらかというと問題行動の多い人物だ。

仕事はできるのだが、それだけに他人に厳しい。パワハラに近い言動が我慢できず、何人もの人間が辞めている。

新人はできなくて当然なのだが、見放すのが早い。二度までは指導して、三度目は怒鳴りつける。

来なくていい、うちが欲しいのは即戦力だと罵って帰らせる。

社歴の長い警備員にありがちな、根拠のない万能感に満ちた叱り方である。

もう少し長い目で育ててくれないかと注意されても、即戦力を寄こさないほうが駄目なんだと開き直る男であった。

今回空いた穴も、大沢の責任である。しかも、最低なことに相手が自殺を図ったのである。

幸い発見が早く、命だけは助かったが、未だに昏睡状態が続いている。

遺書は残されておらず、発作的に死を選んだのだと推測されていた。

自殺場所として選んだのが自室だった為、配属先には長期入院とだけ報告してある。

そうやってできた欠員である。

これで少しは反省するかと思われたが、大沢は相変わらずの態度を崩そうとしない。

入院先を見舞うなどとんでもない。意識のない相手を見舞っても仕方ないだろうと言い放って止めない。

すっかり呆れた梅本さんは、適当に話を合わせ、ミスのないようにしっかりと勤めた。

新任教育は武田という男が担当してくれた。口数が少なく、真面目そうな人物である。

新任教育中、梅本さんは車で寝るように言われた。

仮眠用のベッドが一床しかなく、止むを得ないことである。むしろ、そのほうが落ち着くから文句はない。

妙なことに、武田も車で寝るという。

駐車場は警備室の真裏にあり、何かあればすぐに対応できる。大沢も、それを許可している。

武田が言うには、そのほうが自分がテレビを見るのに都合がいいからだという。

梅本さんは、呆れて口が開いたままになってしまった。

「それと……まあいいや。じゃあまた後で」

武田は何か言いかけて車に乗り込んでしまった。気にはなるが、いずれまた悪口に違いない。

聞けば聞くほど気が重くなるだけである。どうせ、人員の補充ができればそれまでの現場だと割り切り、梅本さんも車に乗り込んだ。

仮眠時間が終わる前に、梅本さんは車から出た。思い切り背伸びしながら夜空を見上げる。

ふと横を見ると、武田も既に起きていた。武田は、何故かじっと梅本さんを見つめていたが、意を決したかのように手招きをした。

「ちょっといいか。話しておきたいことがある」

時間はまだ十分にある。つまらない悪口でも付き合わねば仕方ないかと諦め、梅本さんは武田の隣に乗り込んだ。

実は、と言って武田が話し始めたのは、悪口などではなかった。

自殺を図った榊原という男の話であった。

榊原はクソが付くほど真面目な男だったが、頭の回転が遅く、応用力もなかった。その点が災いし、大沢に嫌われまくった。また、何となく虐めたくなる外見だったのも災いした。

ハンコが曲がっている、ホチキスを止める位置が違う、ボールペンの向きが反対だ等々、警備業とは何ら関係のないことをネチネチと言われ続けたそうだ。

母親が病気で金が要るのは勿論、退職すると健康保険が使えなくなる。

我慢するしかないんですと自分に言い聞かせていた結果、榊原はおかしくなってしまった。

常に、自分は役立たずだ、生きていても仕方がない等と呟くようになった。

旅行に行く大沢が、無理に突っ込んだ有給休暇を埋め合わせる為、榊原は三十六時間勤務を余儀なくされた。

その勤務が明け、自宅に帰った途端、発作的に自殺を図ったのだという。

「可哀想に。そりゃ酷いな。殺したも同然じゃないか」

素直に感想を述べた梅本さんに、武田は言った。

「だから死んでないんだよ。自殺できなかったんだ。今は昏睡状態で病院にいる」

ああそうかと頷く梅本さんに、武田は言葉を続けた。

「ここからが難儀なところでな。榊原の馬鹿は、自分が死んだと思いこんでるんだよ。だから、大沢を恨んで化けて出てくる」

ところが、と言って武田は顎の先で警備室を指した。

「あいつは鈍感だから全く気付かない。榊原を見るのは俺らだけだ。クソ真面目だから、守衛室の方には出ずに仮眠室に出るんだよ」

榊原は仮眠室の隅にぼんやりと立って、何か言いたげにチラチラと見てくるだけだという。

怖くはない。ただひたすら鬱陶《うっとう》しい。

「だから、大沢以外は全員、車で寝るようになった。そのほうが大沢も楽だから何も言わない。あんたがどうするかは好きにしたらいい。とりあえず教えただけだから」

守衛室に戻ると、大沢はテレビを見て大声で笑っていた。交替を申し出ると、機嫌よく仮眠室に向かった。

ドアを開けた瞬間、室内の様子が目に入った。
薄っぺらい男が、壁のシミのように立っていた。
そこで勤務した数カ月の間、梅本さんは車に寝具を持ち込んでいたそうだ。

母の花

大学四年生の春、朋花さんは母を亡くした。

母は家に全てを捧げていた。夫に尽くし、子供に愛を注ぎ、姑の手足になって働く。妻としても母としても非の打ち所がなかった。

特に時間をかけたのは庭仕事だ。一人暮らしをしていた姑と同居を始めたのが切っ掛けである。

姑は花を愛する人として知られていた。朋花さんの母の名は花江というのだが、それすらも喜ぶぐらいだ。

そんな姑を迎えるに当たり、母は雑草だらけだった庭を整え、美しい花壇に作り変えた。

手間を惜しまず育てたおかげで、四季を通じて何かしら花が咲く庭になった。

姑の一番のお気に入りであるバラには、特に気を遣っていた。毎回、違う品種のバラを選び、常に新鮮な景色を作り上げた。

何が起こるか分からないので、旅行や遠出などは行かない。台風の日などは、不眠不休で庭を守った。猛暑が続く日も汗だくになりながら手入れを続けた。

そこまで気を遣ったおかげで、母のバラは近所でも評判だった。庭のすぐ側が空き地であり、そこに座ってバラを鑑賞する者も少なくない。

だが、そこまで丁寧に花を育てていたくせに、母は自分の健康には無頓着であった。

春の日差しが柔らかく差し込む朝、母は台所で頭が割れるように痛いと言って倒れた。

救急搬送された母は、そのまま帰らぬ人となったのである。

母が亡くなって始めて、朋花さんは意外な事実を知った。

母と祖母の仲である。

朋花さんの前で営まれていた暮らしは、母の我慢の上に成り立っていたのだ。

世間からは、理想的な嫁姑だと思われていたのだが、実際は全く違っていた。

そして、祖母はそのことを隠そうとしなくなった。化けの皮を自ら剥いだのである。

早速、祖母は葬儀が終わるや否や、友人との食事会に出かけていった。父はその行動に対し、咎《とが》めるどころか笑顔で送り出した。

父もまた、母の味方ではなかったのだ。それだけならまだ、思い過ごしかもしれない。

そう自分に言い聞かせ、朋花さんは今まで通りに暮らしていこうと努力していた。

そうすることで、家族が仲良く暮らすという母の遺志を継ごうとした。

ある日、祖母は友人を家に招いた。

朋花さんは二階で勉強中であった。祖母は耳が遠いせいか、話し声が大きい。友人との会話が二階まで聞こえてきた。

「そうなのよ。今年はバラが見れないかも。あの女、くたばる前に手入れしときゃいいんだけど。何なら骨を肥料にしようかしら。腐った女だったから、よく育つかも」

朋花さんは声を殺して泣いたという。

大学を卒業したら、さっさと家を出ていく決意を固めたのはこのときであった。

その夜、気持ちが高ぶった朋花さんは、どうしても眠れずにいた。部屋を暗くし、目を閉じてみる。

ようやくうつらうつらしてきたとき、頭を優しく撫でられて目が覚めた。

その撫で方に覚えがあった。

「母さん」

思わず呼びかけた。まるで怖くない。それどころか、とにかく顔が見たい。話したい。

朋花さんは起き上がって灯りを点けた。部屋には朋花さん一人である。けれど母の気配はする。もう一度見渡して気付いた。

枕元に何かが落ちている。花の種のようだ。拾い上げた途端、耳元で母の声がした。

それを庭に埋めてね
そう言い残し、母の気配は消えた。

死んでからも庭を守りたいのか。それほどのものなのか。

花の種を握りしめ、朋花さんはひとしきり泣いた。

翌朝、まだ暗いうちに庭に出て、朋花さんは母が残した花の種を植えた。

「母さん、これでいい？」

返事のつもりなのか、朋花さんの頭が再び優しく撫でられた。

春が過ぎ、梅雨が明け、植えた種は芽を出した。六月の半ばを過ぎ、一塊の花が咲いた。

白くふわふわした花だ。

母に似ている気がして、朋花さんは気持ちが安らぐのを感じたという。

じっと見つめていると、近所の主婦が会釈して通り過ぎた。その主婦は何を思ったか、すぐに引き返してきた。

「あらぁ、大変じゃないの」

何が大変なのか訊く朋花さんに、その主婦は丁寧に教えてくれた。

その白い花はワルナスビといって、絶対に庭に植えてはならない植物だ。育ったが最後、あっという間に繁殖し、他の植物を駆逐する。鋭い棘《とげ》を持ち、実には毒があり、除草剤もなかなか効かない。

「普通は植えないのよ。どこから飛んできたのかしらねぇ」

主婦は、大変ねぇと呟きながら立ち去った。

驚いた朋花さんは、その植物に近づいて調べてみた。確かに、鋭い棘が茎や葉の裏表から突き出している。

ふわふわした外見に騙されて手に取ると、かなり痛い目に遭うだろう。

朋花さんは植木鋏《ばさみ》を持ってこようとしたが、すぐに考え直した。

これこそが母の花だ。母もこの花のように棘を露わにしたかったに違いない。

そう思った朋花さんは、敢えてその花を放置した。花が好きなだけで、何の知識もない祖母には危険性が分からなかったようだ。

二日も経たず、庭はワルナスビで埋め尽くされた。

祖母が愛して止まないバラは、辛うじて貧弱な花を咲かせたがすぐに枯れた。

祖母は色々と策を弄したようだが、全く歯が立たず、ワルナスビは増える一方だ。

社会人になった朋花さんは、家を出て自立している。二度と帰るつもりはないらしい。

それでも、祖母の葬儀には立ち会うつもりだ。
墓前に供える花も決めてある。

蛇叔母

自分が知る限り、叔母さんほど良い人はいない。

奈那子さんは身内の話になると、決まって自慢する。

叔母の名は栄子。五十二歳になるが未だに独身である。若い頃からずっと、両親の面倒を看てきた。

父親は作業現場で事故に遭い、下半身が麻痺してしまった。

母親は眼病が悪化し、失明に至った。その二人の日常を助け、空いた時間にパートを入れ、家計を支え、身を粉にして生きてきた人である。

それほど苦労しているのに、愚痴の一つもこぼさない。

いつも柔らかな微笑みを浮かべ、たまに休みが取れた日も地域の奉仕活動に行く。

功成り名遂げる人物ではないかもしれないが、栄子さんは皆から愛され、尊敬される女性であった。

幸いにも、自宅は土地付きの持ち家だった為、住む所に悩まされることはなかった。

そろそろ還暦になろうかという頃、まずは母親が亡くなった。

最後の最後まで、見えない目から涙を流して娘に詫び続けていた。

近所の人間は、残念ではあるけれど、これで栄子さんが少しは楽になると安心したらしい。

ところがそう上手くはいかなかった。

ある日のこと、父親がくも膜下出血で倒れ、救急搬送された。

幸いにも一命は取り留めたのだが、性格が一変してしまったという。

それまでは温厚で陽気な性格だったのに、栄子さんに辛く当たるようになったのである。

常に苛つき、ちょっとしたことで怒声を浴びせ、どうかすると手をあげてしまう。

唾を吐きかけられたり、実の娘なのに尻や乳房に触ろうとしたり、両親の面倒を看ていた頃より何倍も困難になった。

見かねた親戚達が力を合わせて栄子さんを助け、苦労しながらも日々を送っていた。

還暦の誕生日当日。奈那子さんはバースデーケーキを携え、栄子さんを訪ねた。

ついでに何か手伝おうと思っての来訪だが、それどころではなかった。

家の前に救急車が停まっている。赤いランプが辺りを禍々しく染める中、先に栄子さんが出てきた。

声をかけた奈那子さんに気付き、顔を上げた。今にも泣き出しそうだ。

父親が突然倒れたのだと言って、栄子さんは救急車に乗り込んだ。

残念ながらその数時間後、栄子さんは父親も亡くしてしまったのである。

葬式は質素であった。訪れた人は皆、栄子さんの苦労を称えたという。

こうしてようやく栄子さんは解放された。

広い一軒家にただ一人である。これからどうするのだろうと、心配して葬儀の最中に訊く者が多かった。

その度、栄子さんは、家も土地も売って小さなアパートで暮らすつもりだと答えていた。

それができないと分かったのは、葬儀が終わってすぐである。

遺言状が発見されたのだ。

それには、財産は全て孝彦に譲るとだけ記されてあった。要するに、栄子さんの兄のことだ。

娘である栄子さんの名は、ただの一箇所もなかった。

真っ先に声をあげたのは、普段の栄子さんの苦労をよく知る者達である。

おかしいではないか。この人は全てを犠牲にして父と母に尽くしてくれた。それが一銭も貰えないなんてどうかしてる。

兄は「そう言われてもなぁ、遺言状には逆らえないし。大丈夫、少しぐらいなら俺が用立てるから」

などと言いながらニヤついている。

負け戦と諦めていたのに、突然の逆転勝利、しかも完全試合だからそうなるのも当然であった。

当の栄子さんは、いつもと同じ微笑みを浮かべ、父親が遺したことですからと受け入れたそうだ。

それから数カ月後。

栄子さんは自殺した。今にも崩れ落ちそうなアパートの一室で首を吊ったのである。

葬儀会場で、孝彦は参列者全員から責められた。

中には顔面を殴る者も現れ、とうとう会場から放り出されてしまった。

奈那子さんもその場にいたのだが、皆とは違う意味で孝彦に出ていってほしかったという。

孝彦の身体に、栄子さんが絡みついていたからだ。

栄子さんはいつもの優しい微笑みを浮かべたまま、大蛇のように孝彦を絞め上げていた。

それ以降、孝彦に会うことはないが、栄子さんの姿は時々見かける。

自宅があった場所には小綺麗なマンションが建てられたのだが、その門柱に巻きついている。

クラウドファンディング

ネットで知り合った相原さんに聞いた話である。


昨年の夏。

相原さんは、長年連れ添った妻の和子さんを亡くした。

自殺である。

発端は和子さんが巻き込まれた交通事故であった。

青信号で渡り始めた和子さんを原付が跳ねたのである。

原付に乗っていたのは中学校を卒業したばかりの少年だった。当然、無免許だ。

青信号を待ち、和子さんがゆっくりと歩き出したところへ、少年が突っ込んできたという。

方向指示器を点滅させず、いきなり右折した為、和子さんは避けられなかった。

原付を起こして逃げようとした少年は、目撃していた数人に押さえつけられ、警察に引き渡された。

ここまでが事故の流れだ。

一命を取り留めた和子さんだが、大腿骨を骨折し、歩くのもままならぬようになってしまった。

和子さんは少しでも生活の足しにしようと、清掃業のパートをしていた。歩き回るのが基本の仕事である。この事故で、それができなくなった。

事故としては、少年側に百パーセントの過失がある。

不幸中の幸いで死亡者はおらず、示談で済む話だ。

ところが、少年には支払い能力がなかった。無免許運転をする未成年者が保険に入っているわけがない。

和子さんが生命保険に入っていた為、当面は生活に困窮することはなかったが、違う問題が相原さん夫妻を悩ませることになった。

加害者側の言動である。少年本人からも、両親からも謝罪の言葉はなかった。示談には応じたものの、一銭も支払われていない。

それどころか、逆恨みした少年は仲間を引き連れ、相原家に嫌がらせを始めたのである。家の前に居座り、道行く人達を睨みつけ、大音量で音楽をかけ、大声で騒ぐ。

警察が来てもお構いなしだ。そのときは一旦、引き下がるが、またすぐに戻ってきて騒ぐ。

この家のクソ婆ぁがよたよた歩いてんのが悪い、どうせなら殺しちまえば良かった、今からでも遅くないから火ぃ点けたろか。

そんな内容のことを夜中まで喚き散らされる。

近隣の住民達は事情を知っている。最初のうちは相原家に同情的だったが、眠れない夜が続くと状況が変わってきた。

少年達には恐ろしくて言えない為、鬱憤《うっぷん》を晴らす相手は相原家になる。

示談金をもっと下げれば良い、いやいっそ無料で構わないのでは等と言い出す者も現れた。

陰に日向に責められ、心を病んだ和子さんは、とうとう死を選んでしまったのである。

相原さんは、葬儀に訪れた近隣の住民全てを門前払いした。

塩を撒いて追い返すことまでやった。

それでどうにかなるわけではないが、どうしても我慢できなかったのだという。

妻が死を選ばなければならなかったのは何故か。

どうするのが正解だったのか。

誰が悪いのか。

どう考えても、そもそもの原因はあの少年だ。

が、現在の法律では、これ以上何もできない。

己の罪を思い知らせ、悔い改めさせるにはどうしたら良いのか。

相原さんは何日も何日も考え続けた。ある日、殆ど失神するように眠りに就いた。

疲労が限界にまで達していたのだろう。相原さんは昏々と眠り続けた。その間ずっと、夢を見ていたという。

夢の中で相原さんは、少年の枕元に座り、歌うように囁いていた。

「まずは右足。右足が折れる。右足。右足。右足」

相原さんは、同じように囁きながら目を覚ました。

身体は酷く疲れているが、久しぶりに気分は爽快である。

その夜以来、相原さんは全く同じ夢を見るようになった。

五回目にして相原さんは気付いた。

これは夢ではない。もしかしたら自分は、俗に言う生き霊を飛ばしているのではないだろうか。

その想像を裏付ける出来事が起きた。少年の父親が家を訪ねてきたのだ。

訪ねてきたにも拘わらず、父親はしばらく黙っていた。

ようやく口を開いた父親は、こんなことを言い出した。

「あんた、うちの息子に何かしてるだろ」

意味が分からないと首を傾げる相原さんを睨みつけ、父親は言った。

「毎晩毎晩、あんたが来るんだとよ。実は俺も見た。あんた、こんな歌を歌ってた」

父親の歌は、あの夢と全く同じであった。

「昨日、息子はつまずいて転んだ。それだけで右足が折れた。あんた、何をやった」

何のことだか分からない、これ以上言い掛かりをつけるなら警察を呼ぶ。

父親を追い出した後、相原さんは和子さんの墓に向かった。

「やれることが見つかった」

そう言って泣いたのだという。

ところがその夜、相原さんは焦っていた。折角見つけた『やれること』が発動しないのだ。

何度念じても夢を見ない。どうやっても無駄であった。

どうすればいいのか。あの頃と何が違うのか。

必死に考えた結果、一つだけ思い当たった。

俺は、あいつの足が折れたことで満足している。あのときは、あいつに罪を思い知らせたくて必死だった。

その点が決定的に違う。

足が折れたぐらいで許してたまるか。

強く思い詰めて眠った相原さんは、無事に少年の枕元に立てた。

相原さんは、そこで一息入れ、しみじみと私に言った。

「ところがね。何だか芯が疲れてるのかな、怒りが溜まらなくなってきて」

それではもう終わりにするんですねと言う私に、相原さんはハッキリと頭を振った。

「まだです。まだ止められません。大丈夫、良い手があるんですよ」

相原さんは、街頭に立ち、腹の立つ出来事やムカつく会話を待つのだという。

他人事ながら苛々する気持ちを持ち帰り、自らの怒りを増幅するのだそうだ。

何もそこまでやらなくとも良さそうなものだが、これが割と捗るらしい。

「最近はもっと簡単な方法を見つけた」

そう言って相原さんは微笑んだ。

ネットを見るのだという。そこは、何かに対して悪口雑言を投げつけ合う人達で溢れ返っている。

その一つ一つの苛立ちや悪意が、相原さんに力を与えている。

最近、相原さんは新しい成果を得た。

味覚を消したそうだ。

煮凝《にこご》り

麻美さんが母親から聞いた話。

何となく哀しい話として覚えているそうだ。

幼い頃の麻美さんは近所の智子ちゃんという子とよく遊んでいたらしい。

智子ちゃんは父親に育てられていた。母親は、智子ちゃんが三歳のときに亡くなっていた。

自宅分娩で失敗したとかで、警察が来て大変だったという。

その後、父親は男手一つで智子ちゃんを育てた。

仕事が工場の職人だった為、帰りが遅いときがあり、そんなときは近所中が回り持ちで食事の世話をしてあげた。

父親の頑張りと、優しい人柄のおかげである。

父親も感謝の気持ちを忘れず、きちんと食費を支払い、月末には何らかのお礼の品を配って回った。

麻美さんの家でも、当然の如く食事を提供していた。というか、自分の子供同然の扱いだった。

それはいつものように、麻美さんと智子ちゃんがままごとで遊んでいるときのことだという。

麻美さんの何げない一言に対して、お母さん役の智子ちゃんがこんなことを言った。

「ともこちゃん、ほんとのおかあさんみたいね」

「そうだよ。わたし、あかちゃんいるもん」

側で食事の支度をしていた麻美さんの母親が、笑いながら話に入ってきた。

「智子ちゃん、赤ちゃんいるの？」

智子ちゃんは大きく頷くと、いきなり上着を捲りあげた。

痩せ細った身体が露わになる。その腹部に、煮凝りのような物が貼り付いていた。

よく見ると、胎児のような形である。

言葉を失い、立ちすくむ母親の前で、智子ちゃんは煮凝りを自慢げに麻美さんに見せつけた。

「わぁ。これ、なに？」

「わたしのいもうとなの。しんだおかあさんからもらった」
その日の食事以来、麻美さんの母親は智子ちゃんを避けるようになった。
後になって母親は、そのことについてしみじみと言った。
可哀想だとは思うんだけど、あのお腹の煮凝りがどうしても気持ち悪くてねぇ。
当時は母親を冷たい人だと恨んだりもしたが、想像してみると無理もない。
今では、麻美さんもそう思っている。
智子ちゃんは小学校に上がる前、父親とともに何処かに引っ越していった。
最後に握手したときの、手の冷たさを麻美さんは今でも覚えている。

長男の嫁

田尻家の長女である詩織さんが高校生だった頃の話である。

当時、詩織さんは、兄嫁である綾乃さんを大切にしていた。

普段から、綾乃さんの負担を軽くするよう心掛けていたそうだ。

わざわざこんな田舎、しかも姑と小姑がセットでいるような家に嫁いでくれた人である。

都会で生まれ育った綾乃さんには、田舎独特の風習は分からないはずだ。

自分にできることは限られているが、家事の一つぐらいは減らしてあげるのが当然であった。

両親ともに綾乃さんに優しいことが、せめてもの救いである。詩織さんは、それを自然にできる家族を愛しく思っていた。

そこまで愛された綾乃さんだが、残念ながらなかなか子供に恵まれなかった。

皆、それには触れないようにしていた。詩織さんもその一人である。慰めや励ましの言葉は、却って負担になると判断したそうだ。

綾乃さん自身にも、皆のその気持ちは伝わっているようであった。

時折、綾乃さんの実家から荷物が届くのだが、必ずと言っていいほど、その中に子宝のお守りが入っていた。

事情を知る綾乃さんのお母さんが送ってくるらしい。

詩織さんも、この辺りの神社に行ったほうが良いのではとアドバイスしたことがある。

それなんだけどね、と綾乃さんは表情を曇らせた。

既に自分で場所を調べ、参拝したのだという。子授けの祈願もお願いしようと思い、受付に行ったのだが断られたそうだ。

子授けの祈願自体はやっているのだが、生憎と神主が出かけているとのことであった。

「でもねぇ、名前と住所を書くまでは、そんなこと一つも言われなかったんだけど。この土地に生まれ育った人じゃないと受け付けてくれないのかな」

何とも納得のいかない理由である。綾乃さんは笑っていたが、詩織さんは怒りが収まらなかった。

田尻家に嫁いできてくれた以上、綾乃さんは一族の一員である。ということは、田尻家が祈願を断られたということだ。

そんなことで地域の氏神様を名乗って良いわけがない。

若者らしい至極真っ当な怒りを胸に秘め、詩織さんは学校をサボって神社に乗り込んだ。

これは一体どういうことか。貴方達は人を選ぶのか。声を荒らげて問い詰める詩織さんに向かい、神主は苦笑いした。

神主が最初に訊いてきたのは、詩織さんの年齢である。

今年で十六歳だと答えると、神主は「ああ、それでか」と応じた。

何のことだと更に詰め寄る詩織さんを優しく制し、神主は意外な事実を口にした。


田尻家に関しては、子授けの祈願を受け付けてはならない。

それが古《いにしえ》からの絶対的な不文律である。


「神主たる私の口から理由は言えない。知りたければ貴方の御両親に訊ねなさい」

訳が分からないまま神社を後にした詩織さんは、その足で父の下に向かった。

農作業中の父は、いきなりやってきた娘を喜んで出迎えたが、話を聞いているうちに表情が曇っていった。

「あの神主、余計なことを」

黙り込んでいた父は、執拗《しつよう》につきまとう詩織さんに根負けした。

どうせいつかは話さねばならないことだったと前置きし、話し始めた。

田尻家全体が子授けの祈願を受けられないわけではない。受けられないのは長男の嫁だけだ。

ただ、万が一にも間違えて受け付けてしまった場合、苦情の原因に成りかねない。

だったら、いっそのこと全てを断ってしまおうと決まったのである。

いずれにせよ、祈願したところで子供が確定するわけでもないし、それで良いかとなったわけである。


神社側の事情は分かったが、根本のところが理解できない。

何故、長男の嫁は子供を授かってはいけないのか。そもそも、お父さんは長男じゃないか。

そう質問されるのは想定内だったらしく、父親はあっさりと答えてくれた。

だが、それを知ったことが詩織さんの地獄の始まりであった。

正確に言うと、子供を授かってはならないのは長男の嫁ではなく、長男の最初の嫁である。

田尻家は先祖代々、その戒めを守ってきた。

何故ならば、長男の最初の嫁は必ず死ぬからである。

死ぬ過程において禍を体内に溜め込んでしまう為、もしできたとしても堕胎させる。

理由は分からないし、知る必要もないと聞かされてきた。

「お前は父さんが再婚してできた子なんだよ」

言われてみればその通りであった。事実を知った詩織さんは、激怒した。

そんな馬鹿なことが今の世の中にあっていいのか。

理由も分からないような下らない戒めをいつまで守るのか。

死ぬのが分かっていながら、それを教えずに結婚するなんて、人間のやることじゃない。

そのようなことを怒鳴り続けたという。

父親はその間、ずっと黙っていた。

「私、綾乃さんに言ってくる」

最後に詩織さんがそう言うと、ようやく父親は口を開いた。

「好きにすればいい。籍を入れてしまったら、離婚しても戒めからは逃げられないんだよ」

詩織さんは泣きながら家に帰った。

驚く綾乃さんに、迷いながらも全て話した。

綾乃さんは、詩織さんを優しく抱きしめて言った。

「黙っててごめんなさい。全部知った上で結婚したの」

お互いに好きと告白し合ったとき、聞かされていたという。

信じてくれないかもしれないが、こういう事情のある家だから結婚はできないと言われたそうだ。

「それでも構わない。死ぬまでは一緒にいられるから」

覚悟の上で嫁いできたのだと綾乃さんは笑った。

子供ができないのではなく、夫婦の話し合いの上で作らなかったのだという。

数年をかけ、綾乃さんは徐々に弱っていった。

どこか悪いわけではない。ただ生命力を奪われていく。

そのせいか、最後まで意識は明瞭だった。

今までありがとうと小さく呟き、綾乃さんは息を引き取った。

綾乃さんの喪が明けた朝、兄は後を追って首を吊った。

詩織さんも家に戻る気はない。

どうしても両親が許せず、連絡も取っていない。

その為、田尻家に受け継がれた禍がどうなったかは分からない。

写真はない

愛梨さんが中学二年生の頃の話。

愛梨さんの祖母、美智子さんは六十七歳という若さで亡くなった。

美智子さんは、常に穏やかな微笑みを絶やさない上品な人であった。

奉仕団体に所属し、恵まれない人達の為に尽力し、誰からも愛される存在であった。

愛梨さんにとって理想の女性である。その姿を目標とし、受験する高校を選んだぐらいだ。

葬儀当日、別れを惜しむ人達で会場は溢れかえっていた。

遺影は写真ではなく、水彩画で描かれている。その淡いタッチが、祖母の優しさを表していると好評であった。

祖母が皆から愛されていたことを改めて知り、愛梨さんは涙を止められなかったという。

葬儀を終え、愛梨さんは家族とともに祖母の家に戻った。祖母の写真を受験のお守りにしようと思い、引き出しを漁った。

ところが、どこをどう探してもアルバムらしきものが見当たらない。

探しあぐねた愛梨さんは、母に訊ねた。母は沈鬱な表情で黙り込み、しばらくしてようやく口を開いた。

「写真はないのよ」

写真がないという意味が分からない。火事で焼けたとか、災害で紛失したとかなら分かるが、祖母はそのような不幸に見舞われたことはない。

母は吹っ切れたのか、静かな口調で説明し始めた。

正確に言うと、一枚もないわけではない。

祖母が産まれたときのものや、七五三、小中高の入学式などの写真は探せば見つかるはずだ。

だが、高校の卒業式から以後の写真は処分されている。

そうせざるを得ない理由があった。

最初に気付いたのは、祖母の友人達である。

卒業式の後、仲の良い友人が集まってパーティーを催したらしい。

そのときに撮影した写真が問題であった。

全体、個人を問わず、祖母が絡む写真全てに女の子がいるのだ。

写っている場所は様々だ。背景に混ざり込んでいたり、すぐ隣にいたりする。

ただ、どこにいてもその子は、地上五十センチ辺りに浮いていた。

着ているのは白いセーラー服だ。俯き加減の為、顔はハッキリしない。

見ていた一人が気付いた。

この子の上にある白い筋はロープではないか。

だから、この子が浮いているのは、首を吊っているからだ。

結局、その写真が原因となり、祖母は全ての友人から縁を切られた。

これが発端であった。

これ以降、祖母の写真には首を吊る女の子が写り込むようになった。

全てというわけではない。

卒業式、入学式、成人式など、人生の節目になる場面だけに現れる。

おかげで一般の企業には就職できず、母方の叔父の店を手伝ったという。

結婚を前提に付き合ってほしいと言われたとき、祖母は正直に打ち明けた。

実際に実物を見せて断ったのだが、写真を撮る為に結婚するわけではないと説得されたそうだ。

結局、籍を入れるだけで式は挙げなかった。

その後も、祖母は家族と一緒の写真は撮ろうとしなかった。

出産、幼稚園、小学校の入学式など、本来なら何枚でも撮りたかっただろう写真が一枚もない。

普段の生活においても、カメラの前には絶対に立たなかった。

「だから写真はないの。遺影が絵だったのもそのせい」

母は険しい顔で話し終えた。

祖母は常日頃、その子のことを全く知らないと言っていた。

「本当はあの子が誰だか知ってるんだけど、それは認めたくない」

亡くなる少し前に、そう呟いたという。

有給休暇の理由

青木さんの同僚、浅野に起こったことである。

今年の初詣の帰り、青木さんは浅野に出会った。

特に仲が良いというわけではないが、無視するほど疎遠でもない。

お互いに予定がないことが分かり、一杯引っ掛けるかと話がまとまった。

昼間から飲む酒が、上司の悪口から女子社員の噂まで引きずり出してくる。

散々喋り尽くし、話すネタが尽きた頃、浅野がスマートフォンを取り出した。

「面白いものを見せてやる」

そう言って画像フォルダを繰っていく。

正月早々、エロい画像でも見せてくれるのかと笑う青木さんに、浅野は違うと一言だけ返した。

「あった。いや、やっぱりよく撮れてるわ」

「何だよ。早く見せろ」

浅野は勿体ぶって画像の説明を始めた。

撮影したのは去年の十二月、場所は浅野の地元の駅である。

浅野は、中年男性が飛び込み自殺した現場に居合わせた。

そのときに撮った画像だという。

そんなものは見たくもないと断る青木さんを無視して、浅野はスマートフォンをテーブルに置いた。

顔を背けようとした瞬間、画像が目に入った。

それは、浅野が言うような酷い画像ではない。見知らぬ男性の顔のアップだ。

「な、酷いもんだろ。そのぐちゃぐちゃの肉ん中から手だけ生えてるってのがさぁ。こんなの二度と撮れないわな」

何を言ってるのだろうか。どこにそのぐちゃぐちゃの肉が写っているというのか。

何度見ても、男性の顔のアップである。

「あのさ。さっきから熱心に言ってるけど、男の顔しか見えないんだけど」

「あ？　何言ってんだ。ほらここ、ここに手があるだろが」

浅野の指が示す先は、男の鼻である。

「だからそれは鼻だって言ってるだろうが」

言い争い寸前になり、気まずい沈黙を保ったまま、店を出た。

歩き始めたところで浅野は立ち止まり、青木さんを見据えて言った。

「良いことを思いついた。あそこの電気店にデータをプリントできるコーナーがある。画像を印刷してプレゼントしてやるよ」

いい加減、腹が立ってきた青木さんは、とことん喧嘩を買うことにした。

浅野の後について電気店に入り、作業を見守る。

一枚目が出てきた。先程見たばかりの中年男の顔だ。

二枚目、三枚目、四枚目。全て同じ顔である。

「どうだ！　これで分かっただろう。しっかし酷いな、人間ってこんなに血が出るんだな」

青木さんは、段々怖くなってきたという。

適当に話を合わせ、頭を下げて浅野に詫び、その場を離れた。

その後、浅野は会う人ごとに「面白いものを見せてやる」と例の画像を差し出した。

殆どの相手に、男の顔のアップだと言われ、浅野は意地になった。

手当たり次第に画像を見せ続けた結果、幸か不幸か、同じものが見えた相手が何人かいたらしい。

だが、結果的にそれが浅野をおかしくさせた。

最近、浅野は立て続けに有給休暇を取っている。

理由の欄に、飛び込み自殺を撮影する為と記入してあったことが、会社で問題になっている。

赤いタオル

昨年の夏、山尾さんが経験した話。

その日、山尾さんはホームの待合室で電車を待っていた。

いつもならホームに立って電車を待つのだが、連日の猛暑に身体が参っていたのだという。

次の電車まで二十分と少しある。電車が出たばかりの待合室には、山尾さんの他には女子高生が一人だけだ。

昼下がりの小さな駅は、時間が止まったかのように静かである。

スマートフォンに没頭するには、些《いささ》か充電が足りない。音楽を聴こうにもイヤホンを忘れた。

時間を持て余した山尾さんは、無礼と知りつつ、女子高生の観察をすることにした。

少しだけ斜めに座り、横目を使う。それだけで全体像が掴めた。

汗を拭うつもりか、白いタオルで顔を覆っている。どこにでもあるような制服だ。

白い長袖のシャツ。袖を肘辺りまで折っている。スカートから伸びた脚が細い。

大音量で聴いているのか、イヤホンから音が漏れている。

何を観察してるんだろう、俺は。自分に突っ込みながら、目を逸らそうとして気付いた。

タオルに血が滲んできている。尋常ではない量だ。あっという間にタオルが血で染まっていく。

吸水量の限界を超えた血液が、ぼたぼたと白い制服を染めていく。

それでも止まらない血液がスカートから溢れ、床に血溜まりを作っていく。

「どうした？　大丈夫？」

思わず声をかけたが、イヤホンのせいか聞こえないようだ。

まだ血は止まらない。出血多量で死ぬのではないかと思うほどだ。

血溜まりが徐々に広がっていく。山尾さんは、もう一度大声で呼びかけた。

ようやく女子高生が山尾さんの方へ顔を向けた。

粘ついた音を立てて、額の方からゆっくりとタオルを外し始めた。

額には大きな穴が開いていた。穴は貫通しており、向こう側が見えたという。

山尾さんは盛大に悲鳴をあげ、待合室を飛び出した。勢いが付き過ぎて派手に転んでしまった。

危うくホームから落ちそうになったが、辛うじて止まることができた。

その瞬間、貨物列車が目の前を通過していった。
僅かでもタイミングがずれていたら、ただでは済まなかったはずである。
いつの間にか、女子高生はいなくなっていた。
何一つ痕跡は残っていなかったという。

最高の娯楽

足立さんは今年四十歳になったが、未だにフリーターである。

大学を留年したのがそもそもの切っ掛けだろうなと、足立さんは自らを分析している。

それでも、就職活動は一応やったそうだ。慣れないスーツと革靴で、面接を重ねていた。

何とか一社だけ、二次面接まで進んだのだが、足立さんはとことんついていなかった。

人身事故で電車が止まってしまったのである。

とりあえず連絡を入れ、事情を説明した。タクシーは長い行列ができており、乗れそうもない。他の路線を調べ、可能な限り急いだのだが、三十分以上も遅刻してしまった。

面接官は事情を把握しており、遅刻は不問に処された。が、結果として足立さんは不採用であった。

そこまでが限界だった。急速にやる気を失くした足立さんは、早々に戦線離脱してしまった。

それ以降、ずっとフリーターとして生きている。

あのとき、遅刻さえしなければ。というか、人身事故さえなければ。

口にこそしないが、その言葉が足立さんの脳裏にこびりついているという。

ついこの間のことだ。足立さんは短期のバイトに向かっていた。

今まで働いていたバイト先が閉店してしまい、とりあえず短期で食いつないでいる状態であった。

その日の仕事は流動量調査員である。人や車を数える仕事だ。最短で八時間、長ければ泊まりがけもある。

今回の調査は泊まりがけだ。集合場所からバスで現地に向かう。

仮眠はなく、休憩時間も最低限だが、その分ギャラは良い。

前祝いと称して前日に飲み過ぎたせいか、寝過ごしてしまい、予定より二十分遅れて家を出た。

それでもまだ余裕はある。乗り換えさえ上手くいけば、余裕で間に合う。

足立さんは目を閉じて、満員電車の揺れに身を任せていた。

目的の駅まであと一駅というところで、いきなり電車が止まった。

車内アナウンスが停車した理由を告げた。

自分が降りる予定の駅構内で、人身事故が発生したのである。

足立さんは、その場でアルバイト先の会社に連絡を入れた。到着は何時頃ですかと訊かれたが、答えられるわけがない。

「では申し訳ありませんが、今回の採用は見送らせていただきます」

そう言って電話が切られた。無理もないことである。バスで出発する為、遅刻は厳禁と念を押されていたのだ。

結局、目的の駅に着いたのは二十分後であった。

周りから聞こえてくる会話によると、ホームから飛び込んだらしい。

予定がなくなった足立さんは、その現場に向かった。もう片付いているだろうことは承知の上だ。

事故現場を見てみたいなどという下衆《げす》な気持ちも持ち合わせていない。

その代わり、あてにしていた稼ぎを台無しにした奴への腹立ちは、口から溢れるほどある。

加えて、人生そのものを台無しにしてくれた人身事故という存在に、唾を吐きかけてやりたかったのだ。

封鎖が解除されていなければ、場所だけ覚えておいて日を改めるつもりである。

沢山の駅員や警察関連の人間を発見し、足立さんは足を速めた。既に現場は殆ど復旧されていた。

人が飛び込んだ痕跡など、一つも見当たらない。

警察官がいる前でも構うものか。気持ちは固まっている。

太々《ふてぶて》しい顔で現場に近づいた足立さんは、妙な人物を見つけた。

若い男が、線路の上に座っているのだ。俯いて座っている為、顔は分からないが、鉄道の関係者ではなさそうである。

いずれにせよ、あんな所に座っていたら、次の電車に轢《ひ》かれてしまうではないか。

全員が放置しているのは何故だ。

辺りを見回す足立さんの前を二人の学生が横切った。学生は線路を見ながら会話し始めた。

「クソ迷惑だよな。ライブに間に合わないじゃん」

「死ぬんなら、どっか山奥でひっそり死ねってぇの」

その会話が聞こえたのか、線路の上の男が顔を上げた。今にも泣き出しそうな顔つきで、学生達を見つめている。

目が合っていてもおかしくない距離だ。だが、学生達は男を無視して会話を続けている。

足立さんはようやく気付いた。あれが見えているのは自分だけなのだ。

もしかしたら、あれは飛び込んだ男そのものではないだろうか。だから、自分を罵る相手を見たのでは。

学生達のすぐ側にいる会社員が電話をし始めた。

「そう。人身事故で電車遅れてる。これで契約がダメになったら、そいつの家族に弁償してもらいたいよ」

線路の男は辛そうな顔で会社員に目を向けた。

会社員から少し離れた場所では、中年男性が誰にともなく文句を言っている。

「生きてる間も迷惑かけて、死んでからも迷惑かけて。くだらん奴だな」

線路の男は中年男性に何か言いたそうに口を開け、すぐに顔を伏せた。

しばらく様子を眺めていた足立さんは、スッキリした気持ちで家路に就いた。

その二日後。

バイトからの帰り道、足立さんはわざわざその駅で降り、男の様子を確かめにいった。

男はまだいたが、明らかに影が薄れている。

折角だから、消えてしまう前に一言言っておかねば。

足立さんは、目が合わないように注意しながら、男を罵った。

横目で確認すると、男は以前のように明瞭な姿に戻っていた。
話題にされている間は、成仏できないのではないだろうか。
そう考えた足立さんは、今でも罵倒を続けている。
最高の娯楽だという。

待ち人来たらず

最近、岡田さんは物思いに耽《ふけ》ることが多くなった。

といっても、何事かを深く考察しているわけではない。

岡田さんの頭にあるのは、ただ一つ。会社に行きたくないという思いだけであった。

全ての原因は、新しく配属された江崎という上司である。

江崎は、部下を叱るときは必ず全員の前と決めている。褒めることは一切ない。

叱る基準も曖昧である。叱っているうちに興奮し、ニヤニヤと笑いながら、いつまでも止めようとしない。

完全にパワハラなのだが、会社が取り合ってくれない。江崎が、あくまでも指導教育の一環だと言い張るからだ。

岡田さんも何度か餌食になり、必死で頭を下げた。スーツが汚れるのも構わず、土下座したこともある。

だが、理不尽な叱責に対しては、何をしても無駄である。元々、正解などないのだ。

こうして岡田さんは、自分が気付かぬうちに病んでいった。

最近では、電車を降りた途端、とりあえずベンチに座ってしまう。

ぼんやりと人波を眺め、これではいけないと気力を振り絞り、立ち上がって階段に向かう。

毎日、そうやって自分を騙し続けた結果、岡田さんは死を夢見るようになった。


六月に入って最初の月曜日。

いつものようにベンチに座った岡田さんは、とうとう立てなくなった。立とうとしても身体が動かないのだ。

それから数分間、岡田さんはこんなことを考えたという。


行きたくない。でも行かなくては。いや、もういいんじゃないかな。

どうしたら行かなくて済むんだろう。電車に飛び込んだらいいのかな。

痛いんだろうか。でも、一瞬だよな。痛いってのを感じる前に死ねるだろ。

死んだら二度と会社に行かなくていい。頑張って働かなくてもいい。

明日どうしようとか、老後の生活とか、全部考えなくても良くなる。

死のうかな。

よし、次の電車に飛び込もう。

そう決めた瞬間、岡田さんは声をかけられた。

「あの。ちょっといいですか」

制服姿の女子高生だ。顔色が悪く、今にも倒れそうだ。

その女子高生は、返事に詰まる岡田さんをまっすぐ見つめて言った。

「死ぬのは良くないと思います」

言い返そうとしたが、言葉が出てこない。口を開けたままの岡田さんに女子高生は尚も言った。

「あの、あのですね、貴方の周りに黒い人が沢山いるんです。それが貴方の思ってることに返事してる」

女子高生は、自分が聞いたという言葉を並べ始めた。

「行かなくていいぞ。簡単だ。電車に飛び込めばいい。その通り、一瞬で済むのさ。痛くなんかないよ。最高だぜ、会社なんか糞くらえだ。明日なんてどうでもいいさ、老いぼれになるまで生きるなんて最悪だ。行け、次の電車に飛び込め」

一旦、間を置いて女子高生は声を震わせながら言った。

「だから、貴方は死にたいんじゃないんです。誘導されてるだけなんです。ここで死んだら、黒い人の仲間になってしまう」

気付くと、女子高生は鳥肌を立てている。そんなに怖い思いをしてまで、自分を助けようとしてくれたのか。

その途端、自分が死んだら残された母はどうなるのかという思いが湧きあがってきたという。

岡田さんは嗚咽《おえつ》しながら、女子高生に頭を下げた。

女子高生も恥ずかしそうに頭を下げ、名前を名乗らずに立ち去った。


その夜、岡田さんは母親にありのままを話した。

死のうと思ったこと、信じてもらえないだろうが、それはそこにいた黒い影達に惑わされた為だということ、通りすがりの女子高生に助けられたこと。

全てを打ち明け、転職を考えていると打ち明けた。

母親は、頑張らなくてもいいからと優しく頭を撫でてくれた。食事の支度に取り掛かりながら、母親はふと気付いたように言った。

「ねぇ、その子は大丈夫なの？　そいつらの邪魔をしたんでしょ。仕返しとかされないかしら」

何故そのことに気付かなかったのか。岡田さんは激しく後悔した。

何とかして助けたい、今の自分ならそれができるはずだ。翌日から時間の許す限り、岡田さんは駅の構内に立っている。

通学に使うなら、必ずまた会えると信じた上での行動だ。

だが、残念ながら今のところ出会えていない。

本音と建て前

堀尾さんは二十五歳からの数年間、大阪市内のホテルでアルバイトをしていた。

担当していたのは宴会場だ。会場の設営から始まる宴会中のサービス全てが仕事である。

華やかな場所に憧れて応募したのだが、実際は厳しい肉体労働の世界であった。

覚えることも多く、上下関係や言葉使いにも気を配らねばならない。

政治家や企業のパーティー、或いは結婚式など、失敗したら弁償では済まないことも多い。

殆どの初心者が半年で辞めていく現場である。

堀尾さんも、いつ辞めてもおかしくない状況だった。それでも続いていたのは、宴会場を切り盛りする萩原支配人のおかげである。

萩原支配人は、ホテルマンの鑑《かがみ》ともいうべき実直さと誠実さを極めたような人物であった。

部下にも優しく、それでいて甘やかさない。言うべき所はきっちりと押さえる。

何か苦情があれば矢面に立ち、全て引き受ける。

皆に慕われ、悪く言う人は皆無であった。

萩原支配人の下で働く者は、何か辛いことがあっても辞める道を選ばずに済んだ。おかげで、経験豊富な人材が増え、自ずと職場は働きやすくなっていったのである。

とある年の夏、その支配人が大量に吐血し、救急搬送されてしまった。

普段から酒が好きな人であり、恐らく胃の病気であろうと全員の意見が一致した。

診断の結果は、やはり胃潰瘍である。しばらくの間は、支配人を欠いた状態が続くことになった。

普段通りにやれば、何とかなるに違いない。皆、そう思っていたのだが、実際は違っていた。

とにかくミスが多いのだ。皿を落としたとか、料理を間違えたなどは頻繁に起きる。

何よりも皆を悩ませたのが、起こりそうもないトラブルである。

例えば、堀尾さんが休んでいる日の出来事が凄かった。

結婚披露宴の最中、新婦の祖母がいきなり立ち上がり、お前らは誰だと喚き出したらしい。

席に着くまでは普通だったのだが、誰彼構わず怒鳴り散らし、物を投げつけ、とうとう警備員が駆け付ける有様だったという。

話を聞いた堀尾さんは、支配人ならどうしただろうと思いを巡らせながら着替えを終えた。

その日の出勤者と挨拶を交わし、朝一番のミーティングに向かう。

前に立って、担当の割り振りと時間の流れを説明するのは、三宅リーダーである。

てきぱきと指示を出す三宅リーダーの横に、何と支配人が座っていた。

二週間は入院すると聞いていたのに、もしかしたらかなり無理をしているのでは。

心配ではあるが、単なるアルバイトに口出しできることではない。堀尾さんは、とりあえずしっかり働こうと決めた。

ミーティングが終了し、全員が席を立って持ち場に向かう。

堀尾さんはテーブルのセットだ。

その前に、一言だけ挨拶しておこうと支配人に近づいた堀尾さんは、思わず足を止めた。

有り得ないものを見たのである。

先程は座っていたから見えなかったが、支配人は下半身が裸だったのである。

上は支配人用の制服を着ている為、余計に異様さが際立つ。

何をどうしたら良いか分からず、戸惑う堀尾さんのすぐ側を通り、支配人は大宴会場へ向かった。

場内には女性従業員も多い。たちまち悲鳴が上がっても不思議ではない。

堀尾さんは慌てて後を追った。

尻を丸出しにした支配人がスキップして正面に向かっている。

途中、天井のライトの位置を決めているスタッフに近づき、乗っている脚立を蹴飛ばした。

スタッフは慌てながらも、危ういところでバランスを取り戻し、事なきを得た。

次に支配人が向かったのは、女性スタッフの中でも一番の美女で知られている美馬さんだ。

支配人は美馬さんの周りを下半身剥き出しで踊っている。

唖然としながらも、堀尾さんは気付いた。あの姿が見えているのは、自分一人だ。

美馬さんのみならず、他のスタッフもごく普通に作業している。

とりあえず、これ以上ぼんやりしてはいられない。自分に与えられた作業をやってしまわねば。

堀尾さんは納得のいく答えを探しながら、テーブルをセットし始めた。

あれは支配人の生き霊であり、あの行いは普段抑圧された支配人の本性である。

そう結論が出た。

その日、堀尾さんが担当している広間は、披露宴から始まった。

「新郎新婦が入場します。皆様、拍手でお迎えください」

司会の声を合図に場内が暗くなり、入り口にスポットライトが当たる。

光の輪の中に新郎新婦が現れた。その横に、下半身裸の支配人がいる。支配人は新郎に顔を寄せ、何事か囁いた。

その途端、新郎は立ち止まり、思い切り新婦の頬を殴った。

混乱する現場を横目で見、支配人は他の広間でも好き放題暴れ回った。

他の披露宴会場では、友人代表がお祝いの言葉の代わりに、新婦の腹にいる子供の父親は自分だと宣言したらしい。

政治家主催のパーティーでは、衝立《ついたて》の影で後援会長が排便したそうだ。

そういった予測不可能な出来事は、退院した支配人が職場に復帰した日からピタリと止んだ。

皆、支配人の人徳の成すところだと称賛した。

堀尾さんはその後すぐに、アルバイトを辞めた。

仕事に不満はなく、あれ以来、裏の支配人は現れていないが、どうしても思い出してしまうからだ。

最後の日、支配人は名残《なごり》惜しそうに見送ってくれたという。

反撃

宮沢さんが就活に勤しんでいた頃の話。

その日も宮沢さんは面接に向かっていた。訪問予定は三社、いずれも名の通った企業である。

午前中に訪ねた二社はまずまずの感触であった。

午後一で向かう先は、金融系の企業である。採用されれば、女手一つで育ててくれた母親がどれほど喜ぶだろう。

宮沢さんは勢い込んで面接会場に向かった。

面接官は四十代前後の園田という男性。見るからに誠実そうな顔立ちの園田は、声もソフトであった。

そのソフトな声で、園田は面接を始めた。

出身大学、部活動、自信があることなどを次々に訊かれていく。

なかなかの好感触である。笑顔が出てきた宮沢さんに次の質問が投げかけられた。

「宮沢さん、それだけ可愛かったら大学時代は結構モテたんじゃない？」

いきなり何を訊かれたのだろう。頭が追いつかず、言葉に詰まる宮沢さんを園田は楽しそうに見つめている。

更に質問は続いた。

「ちょっとそこに立って、ゆっくり回ってみてくれる」

「あの、それは何の」

「外回りとかもしてもらうからね、体力があるかどうかのチェックだよ」

宮沢さんが立ち上がり、後ろを向いた瞬間に「ストップ。そのまま止まって」と指示された。

「ああ、なかなか安産型だね。結構結構。座っていいよ」

これはいわゆるセクハラ面接ではないのか。宮沢さんは対応に迷いながら着席した。

こんなことで負けてたまるか。覚悟を決めて顔を上げた宮沢さんは、思わず声をあげそうになった。

園田の背後に、いつの間にか女性がいる。この会社の制服を着ている。ほっそりとした美しい女性だ。

すぐ真後ろなのに、園田は気付いていない様子で宮沢さんを見ている。その顔から誠実さは消え、獲物を見る目つきになっていた。

背後にいる女性が、ちらりと宮沢さんを見た。

その瞬間、女性の個人情報が雪崩の如く頭に流れ込んできた。名前は北里千絵、二十六歳。情報システム課所属。園田からしつこく愛人関係を求められている。

「宮沢さん、ぼんやりしてどうしたの？　ここで働きたいんでしょ。何なら僕個人の権限で内定をあげてもいいんだけどな。今日の夜、改めて面接をやりましょうか」

園田は今にも涎を垂らしそうな顔である。その顔で覚悟が決まった。

「結構です。情報システム課の北里千絵さんみたいに愛人関係を求められたくありません」

ぽかんと口を開ける園田の背後に、新たな女性が現れた。

宮沢さんと同じような就活生らしい。名前は吉岡真穂、園田の誘いに応じたが、約束していた内定を貰えずに後悔のどん底にいる。

「吉岡真穂さんみたいに騙されたくもありません」

まだまだ出てくる。次々現れる女性の情報を逐一言葉にしていく。最後に現れたのは、高校の制服を着た少女であった。

園田瑞穂、十五歳。再婚相手の連れ子。それから先の情報が分かった瞬間、宮沢さんは心底から目の前の男を軽蔑したという。

ようやく我に返った園田は、顔色を変えて罵声を浴びせてきた。

宮沢さんは席を立ち、丁寧に頭を下げ、最後にもう一言だけ添えた。

「清掃の人に伝えときますね。この部屋に薄汚いクズが転がってるって」

宮沢さんがそのような現象に出くわしたのは、そのときが最初で最後であった。

今現在、宮沢さんは外食産業で元気に働いている。

裏表なし

安本さんが勤める部署に、本社から新しい課長が転勤してくることになった。

津山というその男は、パワハラ上司として知られた存在である。

今回の異動も、それが原因だと噂が流れ、部署全員が戦々恐々として初出勤の日を迎えた。

残念ながら、噂は真実であった。至って穏和な顔つきなのだが、言動の端々に酷薄さが滲む。人を人として扱わず、己の気分を最優先する毎日である。

横暴で理不尽な振る舞いは、たちまち皆の反感を買った。

とはいうものの、表立っては何もできない。皆、標的にならないよう、できる限り頭を低くするぐらいが関の山であった。

だが、澤村という男だけは違った。自他共に認める正義漢の澤村にとって、津山のような人間は最も忌み嫌う存在だ。

これではいけないと澤村は立ち上がった。僕が何とかしてみせると高らかに宣言したのである。

立ち上がったのは良いが、弁護士に相談するでもなく、内部告発をするでもない。ネットで対抗策を検索しただけだ。澤村は確かに正義漢ではあるが、行動力が伴わない男としても有名であった。

一週間が過ぎ、半月となり、一カ月を終えようとしても澤村は、具体的に何かしようとはしなかった。

端から皆、期待などしていない。馬鹿にすることもない。そうするだけの価値がないのだから仕方がない。

安本さんも全く関心を持っていなかったのだが、あるときから事情が変わった。

六月に入って間もない日、出勤してきた澤村を見て安本さんは驚いた。

軽く日焼けしているのである。どちらかと言えば澤村は、色白な方だ。昨日、退社する時点では白いままだった。

日焼けサロンに行くような男ではない。妙なこともあるものだと、安本さんは半ば感心した。

何処でどうやって、何の為に日焼けしたのか。興味はあるが、親しく話す仲ではない。

見慣れてしまえばそれまでだ。どうでも良くなった安本さんは、仕事に集中した。

ぼんやりしているところを津山に見られたら、何を言われるか知れたものではない。

翌日、出勤してきた澤村は、昨日にも増して日に焼けていた。軽くどころではない。明らかに焼けている。

さすがに気になった安本さんは、何処で何をしてきたのか澤村に訊ねた。

「何で分かったんだ」

驚く澤村に、見たらすぐに分かると返す。やはり顔に出るのかな、などと澤村は呟いた。

誰にも言うなよと前置きし、澤村は小声で話し始めた。

「実は僕、津山を呪ってるのさ」

その方法は言えない、言ったら効果がなくなる。澤村はそう言って、嫌な笑い方をした。

「まあ見てろよ、とりあえず津山はデカいミスをしでかすから」

澤村の予告通り、津山が原因で会社のパソコンがウイルスに感染してしまい、大きな損害を出してしまった。

それだけなら偶然と言えるかもしれないが、津山は次々と不幸に見舞われていった。

更に不幸は徐々に積もり、本人のみならず家族にも被害が及び始めた。

それに応じて、澤村の日焼けは深度を増していき、今では影のように真っ黒である。

前か後ろかさえ分からないという。

不思議なことに、澤村が真っ黒に見えるのは安本さんだけである。

他の人達には、ごく普通に見えているらしい。
安本さんは個人的に、澤村を裏表のない人と呼んでいる。

左手

瀬戸さんは、久しぶりに青山君と会う約束をした。

青山君からの誘いである。何やら訊ねたいことがあるという。待ち合わせ場所に行くと、彼は既に待っていた。

怪我をしたのか、左腕を吊っている。ギプスで固定するほどではないようだ。

アームホルダーとでもいうのだろうか、黒いメッシュ地の布を三角巾代わりに使っていた。

まずは近くの飲み屋に入り、近況を報告し合いながら乾杯。

続いて青山君は、アームホルダーを外し、普通に左手を使ってメニューを開いた。

特に怪我などはしていないようだ。では一体、何の為に左腕を吊っていたのか。

瀬戸さんの視線の意味に気付いた青山君は、自分の左手を見つめながら話を始めた。

十日前になる。青山君は釣り仲間の武井とともにキャンプに出かけた。

県境にある清流が目的地だ。武井が言うには、あまり人に知られていない穴場とのことである。

到着してみると、確かに言う通りであった。知られていないどころか、人が訪れた形跡すらない。

まずはテントを張り、寝床を確保してから釣りを始めた。魚影が濃く、入れ食い状態である。

夕飯の分まで確保できたところで、一旦休憩。熾《おこ》した火で珈琲を淹《い》れ、ホットサンドを作る。

すぐ近くでクロツグミが鳴いている。実に良い気分であった。

さて、そろそろまた始めるかと背伸びをした武井が、腕を挙げたまま止まった。

「おい、あれ見えるか。川の向こう岸」

武井が顎で示した先に視線を投げる。そこに子供がいた。四、五歳ぐらいの女児だ。おかっぱ頭が何とも可愛らしい。

女の子は寸足らずの着物を着て、ぼんやりとこちら側を見ている。

「子供だな。こんな山の中で何してんだろ」

道に迷っているようには見えない。近くに村でもあるのではないか。武井はそう言って、再び釣りを始めた。

青山君は優しい男である。竿を構えたのだが、どうも子供のことが気になってしまう。

迷った挙げ句、優しく声をかけてみた。

「こんにちは。遊んでるの？」

返事の代わりに小さく頭を振った。

「お母さんとか、お父さんは近くにいる？」

また頭を振る。

「お家はどこ？」

三度目も同じであった。これはもしかしたら迷子かもしれない。どこをどうやって辿り着いたか想像も付かないが、とにかく保護しなければ。

青山君は浅い所を選んで川を渡った。武井は、やれやれといった態で見守っている。

「お兄ちゃんと一緒に山を下りようか」

右手は釣り竿で塞がっている。左手を差し出した。来たときを同じ経路で戻れば、幼い子でも十分渡り切れる。

そう判断した上での行動だ。

そこで初めて、女の子は微笑んだ。青山君の左手に、自分の右手をそっと重ねる。

酷く冷たい手だ。ずっと外にいたせいに違いないと思い、哀れみが増す。

「川に入るけど、浅いから大丈夫だよ。さ、付いてきて」

歩き始める。大丈夫、怯えていない。二、三歩進んだとき、武井が大きな声をあげた。

「浮いてる。その子、浮いてる」

何を言っているのだ。この子が浮くってどういうことだ。青山さんは隣を見た。女の子が水の上に立っていた。

悲鳴より先に足が動いた。青山さんは無言のまま、手を振り解き、まっすぐに逃げた。無事に河原に着いて、振り向くと川の中に女の子の姿はなかった。

ほっと安心し、汗を拭おうとして気付いた。女の子はすぐ真横にいた。

武井と二人、必死になってテントや道具一式を片付け、山道を走るように下り、車に向かった。

結局、女の子は最後まで難なく付いてきていた。

「車には追いつけないだろうって思ったんですけど、駄目でした」

青山君は情けない顔で話し終えた。

その日以来、左手を下げていると、小さな手が握ってくるのだという。

その感触がどうにも我慢できず、アームホルダーで左手を垂らさないようにしているそうだ。

青山君が訊きたかったのは、お祓いをしてくれる場所であった。

知っている限りのことを教え、その日はお開きとなった。

それじゃ、と手を振り、青山君は歩いていった。左腕はしっかりとアームホルダーで隠してある。

見送った瀬戸さんは、思わず呻《うめ》いてしまった。

青山君の真後ろに女の子がいた。おかっぱ頭で寸足らずの着物を着ている。

女の子は、前を行く青山君に追いつこうとして一生懸命であった。

総員撤収

若菜さんは今年の春、二年の付き合いを経て結婚に至った。

嫁ぎ先は、関西地方のとある小都市である。

都市部から離れた田園地帯であった。

夫は地方公務員の傍ら、実家の農作業も手伝っていた。

若菜さん自身も土いじりが好きだった為、新しい人生のスタートとして文句の付けようがない土地である。

村の人も若菜さんを歓迎してくれ、獲れたての野菜や果物を持ってきてくれた。

穏やかで良い場所だと感想を述べると、夫は自分を褒められたかのように喜んだ。


ところが、良いことばかりではなかった。

この村には、絶対にやらなければならない作業があったのだ。

それが分かったのは、結婚して初めての夏であった。

夫は朝からずっと畑に出ている。

お昼におむすびを届けた帰り道、山盛りの野菜を貰った。

縁側に並べた野菜の山を眺め、さてどうしたものかと悩んでいたときのことだ。

突然、村中にサイレンが響き渡った。

時計を確認してみると、三時二十二分。時刻を知らせるにしては、中途半端である。

何かのお知らせだろうが、誰に訊けばいいものか。とりあえず夫にメールしてみようとスマートフォンを取り出したとき、当の夫が帰ってきた。

「ただいま。ちょっと出かけてくる」

今まであまり見たことのない深刻な表情だ。只事ではない様子に不安を覚え、若菜さんも一緒に歩き出した。

道々歩きながら、夫は説明してくれた。

この先に大きな池がある。結構深く、底は泥が積もっている。この村の者は近づこうともしない。

何故なら、昔からその池に身投げする者がいるからだ。

かなり古くから自殺の名所として知られている。曽祖父から聞いた話によると、嘘か本当か江戸時代から続いているそうだ。

その当時の人は、浮かび上がらないように着物の袖に石を入れて身を投げた。

最近では、リュックサックに石を入れるのだが、どうやっても浮いてくる。

腐った人間の浮力は馬鹿にできない。二、三十キロ程度の石ぐらいでは重石にはならない。

村の人間が交替で自殺者がいないか見回りに行くのだが、そんなときに池に死体が浮かんでいたら引き上げなくてはならない。

放置しておくと、法律面でも衛生面でも問題が生じるからだ。

浮いてきた死体は、放っておくと腐敗が進んでまた沈んでしまう。

そうなると二度と見つからない。ずっと昔、日照りが続いたときに干上がる寸前まで水位が下がったことがあるそうだ。

そのときは、泥の中から何十体も骨が上がってきたという。

説明し終えると同時に池に着いた。

池の上には既にボートが浮かんでいる。乗っている三人は顔なじみの人ばかりだ。

「あらら、嫁さん連れてきたんかいな」

「いや、良い機会だと思って。この村で暮らす以上、知っておかないと」

呑気な会話が行き交う。若菜さんは思わず微笑んでしまったが、水面に浮かぶ死体らしきものが見えた為、慌てて真顔に戻った。

腐敗して膨れあがっているから性別は分からないが、衣服や履物から判断すると女性だということだ。

夫と残り数人が、もう一隻のボートで近づいていく。

二隻が共同してすくい上げるようだ。

鉤《かぎ》の付いた長い棒を持ちだした。先端が死体のリュックに引っ掛かった。あとは引き寄せるだけだ。

同時にボートの方も近づける。

「せえーの」

気合いを入れた途端、死体が動いた。バタ足をしているように水飛沫が上がっている。

ボートの上の面々は悲鳴をあげて仰け反った。

思わず棒を放した途端、死体は更に加速してボートから離れた。

ボートが近づこうとすると離れる。ボートが起こす波のせいではない。確かに足も腕も動かしているのが見える。

二、三度試みて、ボートは二隻とも帰ってきた。

全員が心底から厭なものを見た顔になっている。

結局、死体はそのままにしておくことになった。

「あんなに上がりたくないってんだから、仕方ないよ」

とのことである。

旅の思い出

母と一緒に、どこかの崖の上から海を見ていたのが、沙羅さんの原風景である。

遠くの水平線に大きな白い船が浮かんでいたのを今でも思い出せるという。

母は旅行好きだったらしく、沙羅さんを連れ、あちこちへ出かけていた。

特に自然の風景が好みだったようで、沙羅さんの記憶に残っているのも森や海や川が多い。

不思議なことに、それほど旅が好きだったにも拘らず、写真が一枚も残されていない。

そのことについて一度訊いてみたらしい。

母は笑って答えなかった。

沙羅さん自身は、あまり旅が好きではなかった。電車は退屈だし、遊ぶ場所がない所ばかりだ。

何より嫌なのは、母が選ぶ場所には必ず、変なものがいたからだ。

もやもやした影みたいなものが、沢山いたのを覚えているという。

母には見えていないらしく、沙羅さんは幼いながらも、これは怖い物だと感じていたらしい。

なるべく母が、そのもやもやしたものに近づかないよう、必死に頑張ったそうだ。

その後も旅行は続いたが、沙羅さんが十二歳のとき、母が再婚してからはピタリと止んだ。

十二歳とはいえ、沙羅さんは母が男性関係に緩い人なのは分かっていた。

再婚すると打ち明けられても、特に驚かなかった。

母が新婚旅行にハワイを選んだことのほうが、よほど驚いたらしい。

確かに自然が好きではあるが、ハワイは少しイメージが違う。

ハワイ旅行のパンフレットが山ほど積んであるのにも呆れた。

まあ、当人が幸せならいいかと笑ったついでに、沙羅さんは母と行った旅先を調べてみようと思い立った。

自然の風景の画像を検索していけば、何か思い出せるかもしれない。

普段なら、勉強しろと煩《うるさ》い時間帯だ。

両親が旅行中で暇を持て余している今だからこそ、可能なことであった。

次々に見ていくが、どれもこれもピンと来ない。もっと険しい崖だった。もっと深い森だった。

全て、何かしら足りない。何より、こんな華やかな観光地には、あのもやもやしたものがいるわけがない。

諦めかけたとき、ふと思いついた。母は、本当に写真を残していなかったのだろうか。

そう考えたら、我慢できなくなったという。

母の私物を調べるなど、考えたこともなかったが、やるなら今しかない。

夫婦の寝室に忍び込み、沙羅さんは母の箪笥を開けた。

上から順に調べていく。悪いことをしているという気持ちは、好奇心に勝てなかった。

一番下の引き出しの奥に、クッキーの空き缶があった。服と一緒に入れておくのはおかしい代物だ。

何かあると感じ、そっと開けてみた。

中には沢山の手紙が入っていた。一つ手に取り、広げてみる。

その途端、沙羅さんは驚きのあまり、箱を落としそうになった。

手紙は全て母が書いた遺書であった。

内容は、どれも殆ど同じだ。当時、母が付き合っていた男にあてたものだ。沙羅を一緒に連れていきますと書いてある。

文章の最後に、手紙を記した場所が書いてあった。全部、自殺で有名な場所であった。

なるほど、あのもやもやしたものの正体が分かった。

自分だけに見えたものは、自殺した人達だ。

謎は解けたが、心には重い物が残った。沙羅さんは、初めて母の弱さを軽蔑したという。

高校卒業後、沙羅さんは家を出ると決めている。

目印

筒美さんが出勤途中に出会った女性の話である。

その朝、駅前の交差点に一人の女性がいた。

見た目は三十代そこそこ。何かの宗教の勧誘らしく、パンフレットが詰まった鞄を足元に置き、その一冊を片手に掲げている。

通る人に声をかけるわけでもなく、ただひっそり立っていた。

「神は貴方を救います」

時折、優しい声でそのようなことを言うだけだ。

当然ながら、立ち止まって話しかける人はいない。殆どが無視というか、最初から意識していない。

郵便ポストや自動販売機と同じぐらい、街に溶け込んでいる存在であった。

通り過ぎた筒美さんは、ふと違和感を覚えて振り返った。

女性は一人ではなかった。背後に人影が見える。正確に言うと人の形の影だ。

時折、ぎゅっと固まり、すぐにまたばらけて煙のように漂う。

見てはならないものだと感じた筒美さんは、駅に急いだ。

会社に着くまで、筒美さんはじっくりと考えていた。

今までそのようなものを見た経験がなかったのに、何故いきなり見てしまったのか。

色々と考えた末、あの女性が呼び寄せたのではないかという結論に達した。

あの宗教か、或いは女性自身にそういったパワーがあるのでは。

そう思うと好奇心が湧いてきた。筒美さんは、次に見かけるときを心待ちにした。

その機会は意外に早く訪れた。

女性は、かなり広域を担当しているらしく、全く違う場所にいた。

大型ショッピングセンター前の交差点である。

パンフレットを片手に掲げているのは同じだ。服装も変わっていない。

背後の人影だけが違っていた。

近隣は開発中らしく、解体工事中の市営住宅がある。

そこから続々と影が集まってきていた。それぞれの影が重なり、また離れ、渦となっている。

女性がどうやって、この影達を救うのか。興味を覚えた筒美さんは、少し離れた場所から見守った。

二十分ほど経った頃、女性はパンフレットを片付け始めた。

全て片付けた後、近くに駐めてあった自転車に乗り、その場を離れようとしている。

大量の影は放置したままだ。女性が離れるにつれ、影は徐々に見えなくなっていく。

最後の瞬間まで見続けたが、どの影もその場から動こうとはしていなかった。

それからも、周期的に女性は現れた。駅か大型ショッピングセンター前の交差点と決めているらしい。

その都度、影は寄ってくるのだが、女性は何もしようとはしなかった。


それは八月の末のこと。

例によって女性が駅前に立っていた。相変わらず、人の影が集まっている。

その頃には、筒美さんは至って冷静に見ることができていた。

ああ、今日もいるな。

その程度の感想しかない。

だが、その日は違った。影の群れの中に、今までとは違う鮮明な姿の男がいた。

女性の周りをふわふわと漂い、顔を覗き込み、肩に触れようとしている。

残念ながら、女性は全く気付きもせず、いつものようにパンフレットを片付け始めた。

その途端、男は女性の肩に跨った。
女性は一瞬立ち止まったが、またすぐに歩き出した。
男を担いだまま、その場を立ち去った。
筒美さんは、その後も度々女性を見かける。
常にあの男を担いでいる為、遠くからでも分かるという。

不幸中の幸い

今年の夏、高橋さんが旅行先の地方都市で経験したことだ。

旅の目的は、大好きなミュージシャンのライブである。

予想される終演時間は夜の九時半。それからでも最終の新幹線には間に合うが、一泊して翌日は観光するのが常であった。

会場を後にして、興奮冷めやらぬ頭で駅に向かう。ホテルは素泊まりで取った為、どこかで食事をして帰りたい。

繁華街の近くにホテルがあったおかげで、手頃な店が幾つも見つかった。

ついでに少しだけ酒を入れ、ほろ酔い気分でホテルを目指す。

途中、艶めいた路地に迷い込んでしまった。ホテルはホテルでも、色事関係に使用するホテルが軒を連ねている。

スマートフォンで確認すると、まるっきり正反対に出たことが分かった。引き返すよりは、この路地を突っ切ったほうが近いようだ。

週末の夜、歩いているのは男女の二人連ればかりである。どうにも居心地が悪く、高橋さんは足を速めた。

あと少しで抜けるという所で、高橋さんの視界に妙なものが入った。

ホテルの出入り口近くに人が立っている。体型から察するに女だ。誰かを待っているようである。

それだけなら特に問題はないのだが、その女は時々透けて見えるのだ。

これは不味いものを見つけてしまった。一気に酔いが醒める。

冷静に見ても、やはり女はそこにいる。高橋さんは慌てて目を逸らし、なるべく離れて通り抜けようとした。

丁度そのとき、ホテルに一組の男女が入っていこうとした。透けた女は、その男女に寄り添うように付いていく。

人が憑かれる現場を初めて目撃し、高橋さんは震えが止まらなかったという。

あの男女には申し訳ないが、とりあえずこれで安心である。高橋さんは一旦立ち止まり、冷や汗を拭った。

遠くにコンビニの灯りが見える。あそこで酒を買って、身を清めようと歩き出す。

それに合わせたかのように、ホテルから先程の男女が出てきた。何やら言い争いをしている。

大変ですなと口の中で呟いた瞬間、高橋さんは気が付いた。こいつらに憑いていったアレはどうなったのか。

歩きながら何げなく振り向く。依然として痴話喧嘩は続いている。その近くには見当たらない。

もしかしたら、ホテルに入りたかっただけでは。誰か生きてる者に憑かないと入れない理由でもあるのだろう。

そう、例えば出入り口に盛り塩されてるとか。

自分でも納得できる理由が見つかり、高橋さんは清々しい気分でコンビニに入った。

缶ビールと軽食を選び、ついでに明日の朝食も探す。店内の鏡の前を通り過ぎたとき、視界の端に何かが映った。

鏡の前に戻って確認する。自分の隣に、あの女が立っていた。

口を開けたまま固まってしまった。どうしよう。どうしたらいい。というか、何で俺に憑いてきた。

女は俯いている為、顔が見えない。高橋さんは、そっと動いてみた。一瞬遅れて女も動く。

落ち着け。とにかく買い物を済ませる。塩だ。塩も買うべきだ。

持っている限りの知識を総動員し、高橋さんは日本酒と塩、それを入れる紙コップと紙皿、ついでに除菌スプレーも購入した。

確か、ネットで除菌スプレーが効くと読んだことがあったのだ。

店の外でスマートフォンを取り出し、近くに神社がないか検索する。

残念ながら、この近辺には見当たらない。高橋さんは、今歩いてきた道を戻り、駅構内を抜けてホテルを目指すことに決めた。

人の群れの中を通れば、自分よりも憑かれやすい者がいるのではないか。

その一点に賭け、高橋さんは歩き出した。女も憑いてきているのが分かる。身体の左側だけが物凄く寒くなってきた。

この寒さがなくなれば、女が離れたということだ。

頼む、俺の代わりに誰か憑かれてくれ。

一心不乱に願いながら、なるべく人通りの多い道を選んで歩く。

一向に寒さはなくなろうとしない。とうとうホテルが見えてきた。

こうなったら、部屋に入れないようにしてやる。

エレベーターに乗り込む。背後が鏡に映っている。

相変わらず付いてきている。

目的階で降りた高橋さんは、袋から酒と塩を取り出して用意した。それだけで寒さが和らぐ気がする。

よし、間違いない。これはイケる。確信した高橋さんは、除菌スプレーを振りまきながら自分の部屋に向かった。

どんどん寒さが和らいでいく。

ドアを開け、トドメに一振りし、酒と塩をセット。

左半分の寒さは消え去り、一気に体温が上がってきた。

大声を出すわけにはいかない。小さな声で勝利の雄叫びをあげ、高橋さんは残った日本酒を飲み干した。

翌朝。

のんびりとシャワーを浴び、朝食を取り、高橋さんは今日の予定に思いを巡らせながら部屋を出た。

その途端、左半身が急激に寒くなった。

「まさか。嘘だろ」

思わず声が出る。恐る恐る横を見ると、あの女が立っていた。相変わらず俯いたままで顔が見えない。

高橋さんは絶望に包まれ、重い足取りでフロントに向かった。

今日の予定は変更し、どこか高名な神社に行くしかない。

一階のロビーは何かの団体客で混雑していた。何と、全員が喪服を着ている。

清算を待つ間、何の団体か訊ねると、法要が行われるのだという。

故人は身分の高い人で、参列者も多く、大広間を貸し切るそうだ。

その群れから少し離れた場所に、紫色の法衣をまとった僧侶が三人いた。

高橋さんは、その僧侶の間をすり抜けてホテルを出た。

左半身の寒さは見事になくなっている。高橋さんはタクシーに飛び乗り、最初の観光地に向かった。

お手本

社会人になって間もない頃、安藤さんはワンルームマンションで暮らしていた。

出せる家賃と相談した結果、見つけたのは都市部から少し離れた場所である。

近隣には小さなスーパーマーケットと、古い街並みしかない。

娯楽とは程遠い環境だが、田舎育ちの安藤さんには、むしろそれが好ましく感じられた。


暮らし始めて最初の休日、安藤さんは午前中を布団の中で過ごそうと決めていた。

その試みを邪魔するものが現れた。どこかで女性が怒鳴っている。

窓もカーテンも閉めきっているのだが、かなりハッキリと聞こえてくる。

怒鳴り声の内容から察するに、子供を叱りつけているようだ。

安藤さんは布団を抜け出し、そっとカーテンを開けた。

正直に言うと、あまり関わりたくない。

社会人として助けるのは当然だし、可哀想なのも確かだ。義憤にかられるのが普通である。その気になれば、警察に通報するだけで済む。

けれど、この町に来て僅か五日目の、謂わば部外者である私がやらなくても良いのではないか。

思いを巡らせた末、安藤さんは無視することに決めた。

それにしても酷い泣き声だ。殴ったり蹴ったりする音も聞こえてきた。

さすがに気が引けてきた安藤さんは、ほんの少しだけカーテンを開けて辺りを見渡した。

騒ぎの主は、すぐそこにいた。斜め左、木造の家だ。二階の物干しに母親がいる。

安藤さんの部屋も二階の為、横たわったままの子供の様子が分からない。

見ていると、やはり母親は子供に暴力を振るっている。

起きようとしない子供の頭を叩きながら金切り声で怒鳴った。

「立ちなさいっ！　誰が寝て良いって言った！」

ふらつきながら子供が立ち上がった。五歳ぐらいの女の子だ。

その姿を見て、安藤さんは瞬時に怒りを覚えた。

丸裸である。おかげで体中に付いた痣が確認できた。

しかも、有り得ないほど痩せている。

女の子は嗚咽を堪えながら、必死に姿勢を保とうとしている。

「あんたが良い子じゃないとママが叱られるのよ！　それでも良いの？」

それ以上、見ていられなくなり、安藤さんは窓から離れた。

怒りで頭が熱くなっている。それでもまだ、通報は躊躇《ちゅうちょ》してしまう。

大丈夫だとは思うが、通報者が自分だとバレたときが恐ろしい。

とりあえず安藤さんは、風呂場に逃げ込んだ。シャワーの音で全てを掻き消す。

しばらく時間を潰し、部屋に戻った。

外は静かになっている。そっと覗くと、物干しには誰もいなかった。

安藤さんは、その日ずっと気が晴れなかったという。

翌週の休日、安藤さんは朝食の準備をしていた。映画でも観にいこうと思い立ったそうだ。

さて、珈琲を淹れようと立ち上がった途端、あの女の声が聞こえてきた。

「立ちなさいっ！　誰が寝て良いって言った！」

また始まった。ということは、これが常態化しているということだ。

安藤さんは、警察に通報する覚悟を決めた。

どうせやるからには徹底してやりたい。現場を撮影しておけば、警察も動きやすいのではと考えた安藤さんは、スマートフォンを取りに戻った。

その間も叱責は続いている。

「立ちなさいっ！　誰が寝て良いと言った！」

「あんたが良い子じゃないとママが叱られるのよ！　それでも良いの？」

何かがおかしい。安藤さんはその場に固まってしまった。

あの台詞、さっきも聞いた。というか、先週と同じだ。

カーテンの隙間から、そっと覗く。

母親の服装も、丸裸の女の子も全く同じだ。

目を逸らしたくなるところを我慢して見続ける。

女の子が倒れた瞬間、景色がぼやけた。母親と女の子も輪郭が滲み、すぐにまた戻った。

「立ちなさいっ！　誰が寝て良いと言った！」

その台詞を起点として繰り返すこと半時間。母親と女の子はようやく消えた。

この世ならぬ存在が、真昼間からあれほどハッキリと見聞きできて良いのか。

己の価値観が揺らぎ始めた安藤さんは、単純な結論に達した。

とりあえず、あの家を見に行く。現に生活している様子が窺えるかもしれない。

淡い期待は、あっという間に消えた。家の正面に回り込んだ安藤さんが見たものは、細い蔓で全面を覆われたドアである。

そこまで辿り着くには、腰までの高さの雑草を掻き分けていかねばならない。

いずれも、人が出入りした様子はなかった。

結局、明快な答えは出ていない。母親と女の子は決まった時間に現れ、ある程度で消える。

いつも同じ場面だ。

同じマンション内の人に訊いてみようとしたが、話す切っ掛けを見つけられないまま、時は過ぎていった。

いつしか、安藤さんはそれに慣れてしまったという。

始まっても確認すらしない。いつ見ても同じだからだ。始まる時間が正確なので、目覚まし時計の代わりにするぐらいである。

自分でも酷いなと思うが、ならばあれが生きていたとして、自分を含めた近隣の人々はどうしただろうか。

到底、何かするとは思えない。身を挺して救う者がいなかったからこそ、あの母娘はあんな姿になったのだ。

その結論に辿り着いた安藤さんは、それからも同じ部屋で暮らし続けた。

今、安藤さんは結婚して子供が一人いる。

可愛らしい娘なのだが、時折わがままを言って困らせるそうだ。

思い通りにいかないことがあると、店だろうが公園だろうが、寝転がって泣き喚く。

つい先日のことだ。

あまりにも言うことを聞かないので、安藤さんは軽く頭を叩き、こう叱りつけたという。

「立ちなさいっ！　誰が寝て良いと言った！」

グラス割り放題

野口さんが同僚の長谷川と飲んだときのことだ。

千鳥足で駅に向かう途中、長谷川が立ち止まった。

「すまん、ちょっと百均に寄っていいか」

返事を待たず、ずかずかと店内に入っていく。案内板で確認し、長谷川が向かったのは食器のコーナーであった。

ずらりと並べられたグラスを大量に買おうとしている。

不思議に思った野口さんが、まとめ買いの理由を訊いたのだが、長谷川は笑うだけで答えようとしない。

そうなると余計に気になる。

しつこく訊いて、ようやく教えてもらえた。

自衛の為だという。

余計に分からなくなった。長谷川は面倒になったのか、駅で電車を待つ間を利用して、全部話してくれた。

二週間程前に引っ越した部屋に、変な現象が現れるそうだ。

「世間でいうところのポルターガイストとかいう奴だな」

かなり変わった奴らしく、グラスしか狙わない。引っ越した初日に、持っていたグラスを全部割られたそうだ。

壁にぶつけたり、グラス同士を衝突させたり、天井付近から落下させたり、色々な方法を使う。

怖がらせるというより、楽しんでいる感じだという。

次の夜も現れた。帰りがけに買ったグラスをまた割られた。

他には何もしない。襲ってきたりとかもない。ただシンプルにグラスを割るだけだ。

とはいえ、毎晩のこととなると掃除が大変だし、何より経済的な負担が大きい。

「てなわけで、思いついたんだよ。割れないグラスにすりゃいいんじゃないかって」

百均でプラスチック製のコップを買ってきたのだが、これが大変だった。

割れないコップに腹を立てたのだろう、身体に向けて一晩中投げ続けられたそうだ。

「てなわけで、毎週まとめ買いして、少しずつ並べておくんだよ」

今のところ、この方式は順調だとのことだ。

別れ際、長谷川はそれが起きているときの動画を見せてくれた。

確かにグラスが宙を飛んでいる。怖がらせるというより、楽しんでいる感じだと長谷川は言った。

だが、それは間違いなく怖い動画であった。

何故なら、グラスを投げているのは女であり、その姿が長谷川には見えていなかったからである。

脂部屋

児島さんが三十代の頃に体験した話である。

当時、児島さんは古いアパートで暮らしていた。木造モルタルで一、二階に三部屋ずつの小さなアパートである。

四畳半、六畳の二部屋と台所に加え、小さいながら風呂も付いており、暮らしていくには十分だ。

何といっても最大の魅力は家賃の安さであった。

他の入居者は佐々木さんという老婆と、原田という若い男のみである。

児島さんと原田は一階の隣同士、佐々木さんは二階の角部屋。原田の真上の部屋だ。

いずれも一人暮らしである。原田の部屋の物干し場には、常に作業服がぶら下がっている。工場に勤めているらしい。

出勤時間は早朝や夕方とまちまちの為、出会うことは少ない。

佐々木さんはあまり外に出てこない。おかげで、交流など一切必要ないアパートである。

人付き合いの苦手な児島さんにとって、願ってもない環境であった。

暮らし始めて二年目、ちょっとしたトラブルが発生した。

蠅の異常発生である。殺虫剤が何本あっても足りないほどだ。

建て付けが悪いせいか、きっちりと窓を閉めたにも拘わらず、いつの間にか入り込んでいる。

ゴキブリや蚊に悩まされることはしょっちゅうだが、これほど大量の蠅は初めてである。

こまめに退治し、部屋の隅々まで清潔にしても、一向に改善されない。

梅雨が明け、繁殖に最適なのは間違いない。とはいえ、アパートの周辺に蠅が湧くような場所はなく、原因が分からない。

大家に相談したほうが賢明と判断した児島さんは、他の部屋にも声をかけることにした。

幸い、夜勤明けの原田に出会えた為、状況を訊いたところ、やはり同じように蠅に悩まされていた。

とんでもない量の蠅で、買ってきた弁当に集《たか》るわ、口の中に入ってくるわで、食事ができないときもあるという。

話している最中にも、身体に集ってくる。

さぞや、佐々木さんも困っているに違いない。児島さんは、原田とともに佐々木さんの部屋へ向かった。

階段を上がった途端、尋常ではない蠅の群れが集ってきた。

見ると、佐々木さんの部屋のドアの隙間から次々に蠅が湧き出してくる。

原田は小声で、ヤバい、ヤバいよと繰り返している。

児島さんも同じ思いを抱いていた。そう言えば、もう何日も佐々木さんを見かけていない。

何日も姿を見せていない老人の部屋に、大量の蠅が湧く。答えは決まったようなものだ。

児島さんは、その場から携帯電話で大家に連絡を入れた。

少し離れた所に住んでいる大家は、車を飛ばしてきた。普段は温厚な中年男性だが、その顔がこわばっている。

ドアの前で目を閉じ、深い溜め息を吐き、大家は合い鍵を取り出した。

震える指で解錠し、僅かにドアを開ける。たちまち、臭いと熱気と蠅の奔流が襲ってきた。

原田はそれだけで吐きそうになっている。

一人では入れないという大家に手を貸し、児島さんは湿気に満ちた室内に足を踏み入れた。

四畳半には丸い座卓が一つだけ置かれている。

壁の日めくりは二週間前で止まっている。それだけしかない部屋だ。

襖を開け、六畳間に向かう。酷い臭いが身体にまとわりつく。

佐々木さんは、窓の下で俯せになっていた。着ていた寝間着が脱げ、肥え太った上半身が露わになっている。

人間の皮膚の色ではなかったという。

布団からそこまでずるずると這った跡が残っていた。その跡にも、佐々木さん自身にも、大量の蛆虫が蠢《うごめ》いている。

仰向けにして生死を確認する勇気はない。というか、この状態で生きているわけがない。

児島さんは立ちすくむ大家を引きずるようにして部屋を出た。

大家と原田を介抱しながら、警察を待つ。

到着した警察は佐々木さんを回収し、引き上げていった。当然、警察がやるのはそこまでだ。

部屋をそのままにしておくわけにもいかず、大家は清掃業者を雇ったらしい。

翌日、児島さんが仕事から帰ってくると、郵便受けに大家からの手紙が入っていた。

佐々木さんの部屋は隅々まで清掃済みである。

迷惑をかけたお詫びとして、月々の家賃を八千円下げる。

そう書いてあった。

児島さんは迷いに迷ったが、結局住み続けることにした。

蠅もいなくなるだろうし、同じ屋根の下ではあるが別段怖いとも何とも思わない。

こうして、少なくとも児島さんには以前の生活が戻ってきた。

だが、原田はそうもいかなかったようだ。

事が終わって五日目の夜、原田が悲鳴をあげながら部屋から飛び出す音が聞こえてきた。

驚いた児島さんが外に出てみると、原田がトランクス一枚の姿で、道の上にしゃがみ込んでいる。

小刻みに震え、言葉も出ないようだ。大量の油汗に塗れた身体が、街灯を反射している。

児島さんは優しく声をかけ、何があったか訊ねた。その声に落ち着いたのか、原田はようやく口を開いた。

寝ていたら、天井から物音がした。二階で誰かが動いている。

歩き回る音ではない。身体を引きずる音だ。何だかベタベタと粘つく音だった。

灯りを点けて天井を見ていたら、いきなりシミが現れた。そのシミが音に合わせて広がっていったのだという。

とりあえず、児島さんは原田の部屋を確認しに行った。

ドアノブを握った瞬間、嫌な感触が手に伝わってきた。掌が何やらヌメヌメしている。何とも言えない臭いもする。

我慢してドアを開けた。サンダルを脱ぎ、足を一歩踏み入れて気が付いた。今度は足の裏が粘つく。

先程のドアノブと同じ感触だ。一体何をすればこんな状態になるのだろう。

嫌悪感に浸りながら、児島さんは辺りを見回した。特に何も異常はない。

再び我慢して奥の部屋に向かう。乱れた敷き布団の側で扇風機が回っている。

天井を見上げ、児島さんは思わず呻いてしまった。

確かにシミがある。幅は一メートルほど、天井を対角線に横切っている。

そのシミから、透明の液体が糸を引いて滴り落ちてきた。液体は雨漏りのように次々に落ちてくる。

指先でそっと触れ、臭いも嗅いでみる。ドアノブにまとわりつき、床を粘らせたのはこの液体であった。

もう一度天井を見上げる。シミは現れては消え、消えてはまた現れた。

児島さんは何も触れないように気を付けながら外に出た。粘つく足が気持ち悪く、途中でサンダルを脱ぎ捨てた。

結局その夜、原田は部屋には戻らず、自分の車で一晩を過ごした。

それから二日後、原田はアパートを出ていった。


一人きりになった児島さんは、それでもまだそのアパートに居続けようとした。自分は関係ないというのが理由である。

原田が出ていってから十日後。帰宅し、ドアを開けようとした児島さんは、慌てて手を離した。

「そんな馬鹿な」

そう呟きたくなるのも無理はない。ドアノブを握った手が粘ついている。恐る恐る臭いを嗅ぐ。

あの臭いだ。ハンカチでノブを包み、ドアを開けた。床を触ってみて、児島さんは震えたという。

原田の部屋と同じ状態になっていたのである。

靴を履いたままで奥の部屋に入り、天井を見上げる。

正にシミが現れた瞬間が目に入った。

シミは天井を横切り、壁を伝い、物凄い勢いで部屋全体に広がっていく。

今回は消えるつもりがないようであった。

児島さんはその場で大家に連絡し、契約終了を告げた。

大家は黙り込んでいたが、最後に吐き捨てるようにこう言った。

「あの糞婆」


少し前、児島さんがこの話をしたときのことだ。

話の相手は清掃業の経験者であった。その人が言うには、そういった遺体が垂れ流すのは血液だけではないそうだ。

体内の脂肪が溶け出し、床や壁に沁み込む。肥っていればその分、大量の脂が排出される。

アパート全体に行き渡る可能性もなくはない。

ただ、現れたり消えたりはしないし、じわじわと広がるはずだ。物凄い速度で広がるなどということは有り得ないと断言した。

それを知った児島さんは、ふとした気まぐれでアパートがあった場所を久しぶりに訪ねてみた。

驚いたことに、アパートは現存していた。しかも居住者もいる。特に建て替えた様子は見られない。

どうやって、あの脂の部屋で暮らしているのか想像も付かないという。

住み込み

入江さんは、とある病院で清掃部門を任されている。

ある年、関根という中年男性が配属されてきた。

履歴書から判断するに、会社勤めを辞めてから自分の店を立ち上げたらしい。それなのに、ここに応募してきた理由は想像に難くない。

入江さんは敢えてそこには触れず、勤務に就かせた。関根は物覚えが良く、何より勤務態度が真面目であった。

ただ一つ、課題があるとすれば人付き合いの悪さだ。

飲み会は勿論、ちょっとした食事も断る。

古参の作業員達が陰で変人と呼び始め、何となく見下す雰囲気になってきた。

それでなくても、人の入れ替わりが激しい職場である。折角の有望新人は大切に育てたい。

思案の末、入江さんは話し合いの場を持つことにした。履歴書に記載されない部分で訊いておきたい点もある。

ただ、込み入った事情を抱えている可能性は十分に考えられる。終業後に話し合いを無理強いして、辞められては本末転倒だ。

入江さんは、打ち合わせ会議という名目で就業時間内に関根を呼び出し、懸念している点を単刀直入に訊いた。

自分の店を持っていたようだが、もしかしたら多額の借金があるのではないか。その返済の為に、ここが終わってからも働いているのでは。

もしもそうならば、明確にしておきたい。万が一、ここに取り立て屋が来るようならば、採用は取り消さなければならない。

その程度の決定権は、本社から与えられている。そこまで突っ込んで言った。

不躾ではあるが、明らかにしておくべきことである。俯いて聞いていた関根は、しばらくして顔を上げた。

「信じてもらえるとは思いません。それで良ければ全て話します」

思い詰めた表情である。入江さんは深く頷き、先を促した。

関根は落ち着いた声で話し始めた。

独立して開業した蕎麦屋が、二年目で傾き始めた。

資金繰りに困ったが、銀行は相手にしてくれず、ついつい闇金に頼ってしまった。

それでも最初のうちは何とか返済できたのだが、店そのものを地震に潰されてしまった。

再建もままならず、残ったのは借金だけである。

何とも哀しい経緯である。けれども関根の説明は、ここからが本番であった。

「確かに取り立て屋はいますが、ここには絶対に来ません。来る必要がないんです。ここ以外で働くことも、取り立て屋から禁じられてます」

関根は、取り立て屋から幾つか決まり事を出されていた。

彼らが指定する一軒家で暮らすこと。

夜間は必ず、その家にいること。

夜十時二十五分になったら、設置してある仏壇に灯明をあげ、お経を唱えること。

勿論、借金の減額はしないが、これを守れば取り立てにはいかない。

賃貸料も必要ないという。願ったり叶ったりの好条件だが、最後の決まり事が気になって仕方ない。

だが、他に選択肢はない。一刻も早く、借金を返したい。離れ離れになった家族を呼び集め、また一緒に暮らしたい。

その思いに背中を押され、関根は取り立て屋の提案に乗ったのである。

最後の決まり事の謎は、初日の夜に解明した。

眠っていた関根は、何故か急に目が覚めた。尿意を催したとか、何か音がしたとかではない。

いきなりハッキリと目が覚めたのだ。

灯りが消え、暗いはずの部屋なのに隅々まで様子が分かる。

天井に女がいた。浮いているとか、ぶら下がっているわけではない。女は正座していたのだが、天地が逆であった。

正座した姿で、上下逆に天井に貼り付いていたのだという。そのままの姿勢で、女は何やらぶつぶつと呟き始めた。

何と言っているのかは分からない。あまりのことに関根は起きて逃げ出そうとした。

その途端、無数の手に掴まれ、仏壇の前に連れていかれた。ようやく最後の決まり事を思い出し、灯明をあげ、お経を唱えた。

無我夢中で唱えているうち、いつの間にか女は消えていたという。

「取り立て屋に訊いたんですが、家の持ち主が、誰でもいいから住んでくれる人間を探してたらしいです。それが私でした」

何があったかは教えてくれなかったが、結構な依頼料が支払われたらしい。約束を違えたら、その依頼料も借金に上乗せされる。

実際に居住せずとも名前だけ貸せば良いようなものだが、そうすると家の持ち主に災いが起こるという。

取り立て屋は、不定期な時間に電話をかけてくる。そのときはＧＰＳで位置情報も調べている為、外出はできない。

そこまでされずとも、災いという目に見える結果を招く以上、サボるわけにはいかない。

「そういうわけで、急いで帰らなきゃならんのです」

話を終え、関根は仕事に戻った。さて、どうしたものか。入江さんは判断に迷った。

どう考えても有り得ない話である。信じられるはずがない。

こうなったら、この目で確かめるしかない。そう決めた入江さんは、終業後にそっと関根の後を付けた。

履歴書に記入された住所は嘘ではないようだ。関根は何処にも寄らず、まっすぐに家に帰った。

場所と辺りの様子を確認し、入江さんは一旦離脱した。自宅に帰り、身支度を調え、車で家を出た。

十時を少し過ぎた頃、入江さんは関根の家の近くに車を駐めた。

何をやっているのかと自分に呆れながら、そのときが来るのを待つ。

関根が何をしていようが構わないのだが、怖い話をでっち上げれば何とかなると思われたのが癪に障ったのだという。

十時二十五分になった。入江さんは辺りを見回しながら、そろそろと関根の家の敷地内に入った。

足音を忍ばせ、裏へ回る。上手く覗けるとは限らないが、声ぐらいは聞こえるかもしれない。

幸いと言っていいものか、関根は裏庭に面した部屋にいた。正座し、合掌した手に数珠を掛け、一心不乱にお経を唱えているようだ。

関根の前のほうが見えない。入江さんはスマートフォンを録画状態にしたまま、可能な限り手を伸ばした。

三十秒程撮影し、来たときと同じく足音に気を付けて車に戻った。

さて、どんなものかと録画を再生。そこに映し出された光景を見て、入江さんは思わずスマートフォンを落としてしまった。

関根の前に女がいた。関根の言葉通り、天井に逆さまになって貼り付いている。

その顔が途中でレンズの方を向いた。女は録画が終わるまでじっとスマートフォンを見つめていた。

その後、入江さんは関根と距離を置くように心掛けた。関わり合いにならないほうが良いと判断したからである。関根は、その後一年と三カ月勤め、退職した。

あの家に住み続けているかどうかは分からないという。

赤いマニキュア

平成になって間もない頃の話である。

芦田さんは社会人三年目の春を迎え、引っ越しを決めた。

建前としては通勤時間の短縮、本音をいうと彼女ができたときを考えた上の決断である。

何軒か不動産屋を回るつもりでいたが、幸運にも二軒目で希望の条件を満たす部屋に出会った。

卒業以来暮らしていた部屋よりもワンランク上のマンションである。

最寄り駅まで歩いていける範囲にあり、商店街も近い。

部屋は四階建ての三階。角部屋の為、他の住人への気遣いも少なくて済む。

不動産屋の説明によると、他の住人も殆どが独身で、家族連れは皆無とのことだ。

築年数こそ二桁だが、文句の付けようがない物件であった。

実際に暮らし始めると、その快適さは予想以上だった。防音も完璧で、上の階の住人の生活音がまるでしない。一軒家のような暮らしを楽しむことができた。

新生活に馴染み始めた頃、芦田さんは同僚との飲み会で深酒をしてしまった。

最終電車を降り、人気のない道をふらふらとマンションまで歩く。

時刻は深夜一時を回っている。それでもマンションは灯りが二、三部屋点いていた。

三階は全て消灯していたが、自室の真上の部屋は灯りが点いている。

その部屋のベランダに若い女がいた。長い髪に黒い服。両手を手すりにかけている。赤く彩られた爪が印象的であった。

マンションの玄関に辿り着き、いつものように自室のポストを調べた。

ポストは各階ごとに分かれている。芦田さんは、何げなく四階のポストを眺めた。

自室の上なら四〇五のはずだが、名前は出ていない。見ると、四〇五どころか四階全て無記名である。

ＤＭやセールス回避の為に、個人名を記入しなかった可能性は否定できない。ならば、他の階でもやっているはずだが、名前を隠しているのは四階だけだ。

何か引っ掛かるものを感じながら、芦田さんはエレベーターに乗り込んだ。

行き先ボタンをしばらく見つめ、芦田さんは思案した。

何が気になっているのだろう。ただ単に、ベランダに人がいただけではないか。

よし決めた。さっさと自分の部屋に帰ろう。

三階のボタンを押そうとした瞬間、何がおかしいか分かった。

先程の女は四階のベランダにいた。それほど視力が良くない自分が、赤く塗られた爪までハッキリと見えたのは何故だ。

黒い服だと分かったことも、角度的に考えるとおかしい。

そもそも何故、女だと思ったのか。


とりあえず行ってみろ。

自分の部屋の真上だぞ。

気にならないほうがおかしいだろう。

そんな文言が脳内を駆けめぐる。

恐らく素面なら絶対に行かなかっただろうが、酔いの回った頭は現場確認を選んだ。

エレベーターが四階に着き、ドアが開いた。一歩踏み出した芦田さんが、まず気付いたのは酷い臭いだ。

様々な悪臭が入り混じっている為、何の臭いか特定できない。

吐きそうになりながら歩き出す。最初の部屋のドアが目に入り、芦田さんは思わず立ち止まった。

ドアノブが見当たらないのだ。元々あったものを外したらしく、痕跡は残っている。穴にはパテのような物が詰め込まれていた。

御丁寧に、パテはドアの隙間も埋めている。

四〇五に至るまでの全ての部屋で同様の処理がされていた。ここまでしなければならない理由が分からない。想像も付かない。

一体何なんだと呟きながら、目的の四〇五に着く。その異様な有様に、芦田さんは息を呑んで立ちすくんだ。

ドアノブがないのは同じだが、隙間を埋めているのはパテではない。

四〇五のドアは溶接されていた。廊下側の窓は鉄板で覆われ、中の様子は窺えない。

一気に酔いが醒め、自室に戻ろうとして芦田さんは気付いた。

では、この部屋のベランダに女がいるのは何故だ。考えられる方法は二つ。他の部屋のベランダから渡ってきたか。いや、他の部屋も中には入れない。

屋上から降りた可能性もある。というか、それしかない。

芦田さんは自分に言い聞かせながら、四階を後にした。

自室に戻った芦田さんは、しばらくの間じっと天井を見つめた。

誰も入れない空間が頭の上にある。静かだったのは、そのせいだ。

そこに、少なくとも女が一人いる。

何の為に、どうやって入ったのか。今のところは何も分からない。

なるべく近いうちに不動産屋へ行こうと決め、芦田さんはまんじりともせず夜を明かした。


わざわざ休暇を取って出向いたにも拘らず、不動産屋の回答は納得のいかないものであった。

近日中に内装工事を予定している為、立ち入り禁止にしている。

ドアが古びており、開けた途端に外れる可能性がある。

だから触れないように処置し、ドア自体も固定した。

四〇五は特に古びていた為、念入りに封鎖したのである。

何とも無理矢理な理由に思えたが、それ以上追求する材料がない。

ベランダにいた女の件も話したのだが、お酒を飲まれていたんですよね等と馬鹿丁寧に言われては、引き下がるしかなかった。


その夜、芦田さんは食事も風呂も止めて、天井を見ていた。

何かあったわけではない。女を見ただけだ。

それも一度だけ。そんなことで引っ越したばかりのマンションを出るわけにはいかない。

そう決めたのだが、それから半年後、芦田さんはマンションを出た。

部屋にいる間、ずっと天井ばかり見てしまう自分に気付いたからだという。


可能な限り集めた噂によると、四〇五は火事になったことがあるらしい。

そのとき、母と娘が亡くなってしまった。

分かったのはそれだけだ。

何故、四階が封印されているのか、ベランダの女は何なのかは、どうしても分からない。

誰に訊いても無駄であった。

最近になり、芦田さんはマンションの現状を知った。

たまたま近くを通りかかっただけなので、外見からしか分からないが無人のようであった。

何というか、生活感が全くない。

廃墟というわけではなさそうだ。入居者募集の看板も掲示されている。

顔を上げ、かつて自分が暮らしていた部屋を見た。

ベランダに、黒い服を着た女がいる。
手すりにかけた両手は赤いマニキュアをしていた。

破格の家賃

七十歳の誕生日に、敏子さんは長年住み慣れた家を出た。

夫が亡くなってすぐのことだ。自営業だった夫は借金が多く、普段から節約に節約を重ねる暮らしであった。

土地や家屋を売り払ってしまえば楽になるのだが、夫はそれを良しとはしなかった。

先祖代々受け継いだからだが、最後の最後に苦しい息で、家を売って生活していけと言い残してくれた。

そのおかげで借金は全て返済できたのである。子供ができなかったのは、今となっては幸いなのだろう。

それでも残高は、これからの生活の足しにするには些か心許ない。

敏子さんは、できるだけ安いアパートを探した。

信じられないほど安く、それでいて綺麗な物件が見つかり、何も考えずにそこに決めた。

それが、いわゆる事故物件だと知ったのは、入居して最初の夜である。

一日を終え、床に就いた敏子さんは、慣れない場所のせいか眠れずにいた。

ふと気が付くと、隣の部屋で何か音がする。人の声のようだ。ぼそぼそと何事か呟いている。

内容までは分からないが、所々に聴き取れる単語が混じる。徐々に明瞭さが増してきた。もう、気のせいとは思えない。どうしよう。泥棒だろうか。下手に騒いで刺激すると不味いのでは。

思案した挙げ句、敏子さんは眠ったふりを選んだ。幸い、襖は閉めてある。下手に動かなければ、バレる心配はない。

何分か経ち、呟きはいよいよハッキリしてきた。既に呟きとも言えない。独り言の段階に入っている。

おかげで、何を言っているか掴めてきた。

何で俺だけがこんな目に
悪いのは世間なのに
悔しくてたまらない
みんな死ねばいい

そのような愚痴を延々繰り返している。どうやら若い男のようだ。敏子さんは、そっと布団を抜け出し、じわじわと襖を開けた。

僅かな隙間から覗いてみる。やはり若い男がいた。ぶつぶつと文句を言いながら、あちこち動き回る。

人の姿を保ってはいるが、この世のものではないことが分かる。

これほど歩き回っているのに、足音が聞こえてこない。床が軋《きし》む音すらしない。

よく見ると足首から先が霞んで見える。

怖いというよりも忌まわしい存在に思えた。敏子さんは、そっと襖を閉じて布団に戻り、まんじりともせずに夜を過ごした。

三時を過ぎた頃、声はピタリと止んだ。男の姿も消えていた。何とも言えない臭いが残っていたという。

翌日、敏子さんは営業開始と同時に不動産屋を訪ねた。担当者に面談を申し入れると、事務所奥の個室へ案内された。

渋い顔で現れた担当の男に、敏子さんは自分が見聞きしたままを伝えた。

担当者は開き直った態度で短く溜め息を吐いた。

「それでどうしますか。契約破棄されますか」

予想していた応答が返ってきた。敏子さんは微笑を浮かべて首を横に振り、要望を口にした。

このままで結構、ただし家賃を下げてもらいたい。

担当者は驚いた顔で黙り込み、すぐに笑った。

「二割引きで良いですか」

「半額で。どうせ今まで誰も居つかなかったんでしょ」

交渉は成立し、敏子さんは笑顔で店を出た。その足で百円ショップに立ち寄り、耳栓を買って帰った。

声だけでも遮断すれば我慢できると考えた結果である。

だが、事はそう単純なものではなかった。その夜も愚痴が聞こえ始めた。

内容も同じだ。そっと覗いてみる。やはり昨夜の男だ。

早速、耳栓を装着したのだが、声は塞げなかった。

耳で聞いているのではないことが分かり、敏子さんは次の方法を考えた。

物理的な方法で遮断できないとなると、テレビやラジオで紛らわすこともできないだろう。

もっとこう、本格的に霊に対抗する手段でないと。考えに考え抜いた敏子さんは、妙案を思いついた。

翌日、その為の道具を揃えて夜を待った。

例によって律儀に愚痴が始まった。と同時に敏子さんが取り出したのは、ニットの帽子である。少し大きめで耳まで隠せる。

ただのニット帽ではない。敏子さんは、帽子の裏側にお寺から貰ってきたお札をベタベタと貼り付けたのである。

これを被れば、霊の言葉を遮断するのではと考えたのだ。

その結果。

お札帽子は全く役に立たなかった。その後も色々と試してみたが、どれもこれも決め手に欠ける。

考え得る限りの手段が無駄になり、とうとう敏子さんは行き詰まってしまった。

破格の家賃は惜しいが、これ以上は身が持たない。

その夜も男は現れ、愚痴り出した。

何で俺だけがこんな目に。世間が悪い。悔しくてたまらない。

いつも通りの台詞が繰り返される。

聞いているうちに、敏子さんは猛烈に腹が立ってきたという。

うちの夫はどんなに苦労しても愚痴一つ言わなかった。商売は下手くそで借金ばかりこさえたが、愚痴なんて一度も言わなかった。

いつも私を気遣い、死ぬときでさえこれからのことを心配してくれた。

どこの誰かは知りたくもないが、死んでからもネチネチと愚痴ばかり言って何だこいつは。

そんな思いが膨らんできた。

明日、ここを引き払うけど、こいつに一言言っておきたい。

敏子さんは勢いよく襖を開け、男に向かって怒鳴った。

「おいお前、いい加減にしろ馬鹿野郎！　悪いのは世間だと？　世間はお前のことなんか、これっぽっちも知らないんだよ。世間に認められたかったら、それだけの努力をしろっ！いつまでもふわふわしてないで、さっさと成仏して一からやり直せ」

ついでに以前作ったお札ニット帽を投げつける。

ああ、胸がスッとした。これで思い残すことはない。一瞬、男が何かするかもしれないと不安になったが、そんなことができるような奴ではないと思い直す。

快活に笑いながら、敏子さんは男に背を向け、荷物をまとめ始めた。

ふと気付くと、男の姿が消えていた。いつもなら残っているはずの妙な臭いもしない。

結局、その晩から男は現れなくなった。

今現在、敏子さんは快適に暮らしている。

不動産屋には男が成仏したことを内緒にしている為、破格の家賃は継続中とのことだ。

そのときは近い

その日、柳川さんは夫の車で隣県に向かっていた。

目的地は、とある民家だ。そこに住む女性に用事がある。

女性の名は戸倉、夫の知人から紹介された。これで四度目の訪問になる。

戸倉はいわゆる霊能者と呼ばれる人物であり、柳川さんの命の恩人でもあった。

最初に訪ねたのは、今から一年半ほど前になる。

当時、柳川さんは保険の外交員であった。事業所でトップの営業成績を誇る有能な人材として評価が高かった。

柳川さんが足繁く通っていたのは、大きな工場である。活動を許可されている時間は、十二時からの一時間、場所も社員食堂に限られる。

それでも行けば必ず誰かと面談できる。その点が何よりも大きい。思わぬ人から声をかけられることも多々あった。

ある日のこと。

昼休憩が終わり、退出しようと正門に向かう途中、柳川さんは男性に呼び止められた。

あまり見かけない顔だ。首からかけた社員証のストラップは赤。ということは派遣社員だ。種村と記されてある。

種村はいつでも構わないので、家に来てくれないかと言い出した。母親と直接会って、保険の説明をしてほしいというのだ。

無論、願ったり叶ったりである。その地域の担当者には悪いが、切っ掛けは自分である。諦めてもらうしかない。

柳川さんは二つ返事で了承し、家の場所と希望する日時を手帳に控えた。

種村は、連絡先も訊いてきた。会社から支給された携帯の番号を教え、深々とお辞儀する。

顔を上げたとき、種村は既に踵《きびす》を返して歩き出していた。

種村が指定した家は、つい最近、購入した自宅とのことだ。

最寄り駅から徒歩で十五分ほどである。早めに着いたおかげで、時間はたっぷりある。これなら特にタクシーやバスを使う必要はない。

柳川さんは、軽快に歩き出した。古い街並みを進んでいく。種村の説明によると、見ればすぐに分かる家らしい。

もう一度、住所を確認しようとした丁度そのとき、種村の家が現れた。

説明通り、見るだけで分かる家だった。家全体が黒く塗られているのだ。プロの仕事ではないのは明らかである。

素人目に見ても、塗りが粗いことが分かった。ただ、粗いながらも執拗に塗り潰している。

玄関先に置いてある植木鉢や、三輪車までもが真っ黒に塗ってある。

当然、ドアノブや呼び鈴も黒い。塗料が付くようなことはないみたいだが、何となく触るのが躊躇《ためら》われる。

今までにも色々な家を見てきた柳川さんだが、ここまで奇妙な家は見たことがなかった。

とにかく、このままでいても始まらない。気持ちを奮い立たせ、柳川さんは呼び鈴を押した。

返事がない。ドアの中央部はスリットになっており、すりガラスが嵌め込まれている。

無駄とは思ったが、覗き込んでみた。中は薄暗くて見えない。人の気配もしない。

もう一度呼び鈴を押す。待っている間に、種村から電話が掛かってきた。

「すいません、ちょっと母に買い物を頼まれて。すぐ戻ります。中に母がいるんですが、少し耳が遠いので、玄関を入って土間から呼びかけてもらえませんか」

鍵は開けてきたというので、柳川さんは思い切ってドアを開け、中に入った。

妙に薄暗い。すぐ側に窓がある。ごく普通のガラスに見えるのだが、何故だか陽の光が差し込んでこない。

そのせいか分からないが、家全体がひんやりとしている。

「ごめんくださいませ、どなたかおられますか」

会社名と用件を告げたのだが、反応がない。何度か呼びかけているうち、尋常ではないほど身体が冷えてきた。

歯の根が合わず、ガチガチと音を立てる。身体の震えが止まらない。何と、吐く息が白くなってきた。

どうにもおかし過ぎる。これ以上はダメだ。柳川さんは外で待っていようとした。

ところが足が動かない。感覚もなくなっている。焦る柳川さんの背後で、ようやく人の気配がした。

振り返ると、廊下の奥に誰かが立っている。薄暗い廊下の更に奥である。ハッキリしないが、女性のように思える。

身分を名乗る前に女性は動き出した。足を動かしていないのに、ぐんぐん近づいてくる。

柳川さんは悲鳴をあげ、必死になって足に力を入れた。その甲斐あってか、少しずつ動き出す。

ドアを開けようとした瞬間、肩に手を置かれた。その手は小さいがずっしりと重く、柳川さんは思わず座り込んだ。

立ち上がろうとしても、肩に置かれた手がなお一層重さを増していく。

気が狂いそうになりながら、ドアに近づく。と、ドアの外に誰かいるのが見えた。中央のすりガラスに顔を押し当て、中の様子を窺おうとしている。べったりと押し付けられた顔に見覚えがあった。

種村だ。柳川さんは携帯を取り出し、種村に電話をかけた。ドアの外で携帯が鳴り始めた。

種村は携帯を取り出し、すぐに電源を切った。

種村は、更に数秒間じっと中を覗いた後、ドアから離れた。そのまま足音が遠ざかっていく。

柳川さんは泣き叫びながら種村を呼んだ。繰り返し呼び続ける柳川さんの耳元で女が何事か囁いた。

「…………」

そこで柳川さんの記憶は途切れる。

気が付いたときには、救急車に乗っていた。そこでまた意識が飛んだ。

数時間後、柳川さんは病室で目を覚ました。心配そうに覗き込む夫が見えた。

何があったか告げようとして口を開けたが、出てきたのは悲鳴だった。

夫に優しく宥《なだ》められ、ようやく落ち着いた。

夫が言うには、近所の住民から警察に通報があったらしい。空き家に女性が入っていったということで、警察官が駆け付け、柳川さんを見つけたのだという。

退院した柳川さんは、黒い家の女に悩まされるようになった。

常にあの女が背後にいるのだ。何をするでもなく、ただ後ろにいる。朝晩を問わずに出てくる。

朝起きて、顔を洗おうと洗面所に立つ。背後にいるのが鏡に映っている。

昼間、会社のトイレで何事か囁かれる。

夜は風呂にも現れる。髪を洗うときに何か囁かれるのが一番嫌だ。

そこまで頻繁に何か言われているのに、その内容が一言も思い出せない。

思い出そうとすると、激しく頭が痛む。

眠れない日々が続き、柳川さんは立つこともままならないほど痩せてきた。

見るに見かねた夫は、あちこちに声をかけ、何とかできる人を探し当てた。それが、霊能力者の戸倉である。

開口一番、戸倉は苦虫を噛み潰した顔でこう言った。

「ややこしいもん憑けてきたねぇ。やってはみるけど」

戸倉は二時間かけて柳川さんを救った。

その日以来、女は現れなくなり、柳川さんは何日か振りに安眠できたという。

半年が過ぎ、柳川さんは徐々に体力を取り戻し、また働けるようになった。

もう保険の仕事はしたくない。不特定多数の人と話すのも嫌だ。

柳川さんは清掃作業の職を選んだ。初出勤の朝、洗面所に立った柳川さんは盛大に悲鳴をあげた。

あの女が戻っている。以前より気配が強くなっている。

柳川さんの悲鳴で駆け付けた夫も感じるほどであった。

採用してくれた会社に断りの連絡を入れ、その足で戸倉の家に向かった。

険しい顔で出迎えた戸倉は、半日かけて除霊に成功した。

それからまた半年後。

今度こそとの願いも虚しく、女は三度、柳川さんの背後に立ち始めた。戸倉が言うには、あと何回かで手に負えなくなるそうだ。

そのときには、申し訳ないが他を当たってほしいとのことであった。

そもそもの発端である種村は、既に退職しており、行方が全く掴めない。
あの家の近所の住民に訊いたところ、もう何十年も人は住んでいないという。
ペンキを塗ったのは、最後に住んでいた家族である。
最近、誰かが購入したということまでは分かった。
それ以外は依然として闇の中である。

破棄される部屋

藤村さんがその日向かっていたのは、亡き祖父が暮らしていた家であった。

祖父は妻に先立たれてから、ずっと独り暮らしを続けていた。

そのせいか、見境なく物を溜め始め、周りからゴミ屋敷と呼ばれるほどになっている。

家族や親戚の者も、何度か祖父に片付けるようには注意していたらしい。

行政に頼むとかなりの金額を請求される為、できるだけ自分達の手で整理することになったのだ。

藤村さんと叔父の幸弘さんが先発隊である。とりあえず、現場調査というわけだ。

子供の頃はよく遊びに来たものだが、成人になってからは何年も間が空いている。

そうでなくとも印象が薄れているのに、堆《うずたか》く積まれたゴミのおかげで全く見知らぬ家に見えた。

玄関に辿り着くまでが一仕事である。幸い、生ゴミなどはなく、精神的なダメージを受けずに進めた。

ドアを少しだけ開けてみる。出入り口にゴミが溢れていることはないようだ。

思い切って開け、内部に突入。今のところ、臭いはそれほどしない。虫が湧いていることもなさそうだ。

幸弘さんとともに障害物となるゴミを退かしながら、少しずつ進んでいく。

最初の部屋に到着するまで五分掛かった。室内は、中身が充満したポリ袋で一杯だ。

これも脇に退かしながら進む。一メートルほど進んだところで、藤村さんの足先が妙な感触を捉えた。

やたらと硬い。家具とは思えない硬さだ。少し押してみたが、かなり重くビクともしない。

乗っかっているポリ袋を取り除くと、その正体が判明した。

石でできた地蔵である。街中でよく見かける赤い布を首に巻いた地蔵が横たわっていた。

その辺り一帯を探ってみる。何と驚いたことに地蔵は四体もあった。

幸弘さんは、地蔵マニアかな等と呑気なことを言っている。何故こんな所に地蔵が四体もあるのか。

そもそも、年寄り一人の手で運べるものなのか。

これに対しても幸弘さんは「運べるんじゃないの？　じいちゃん、腕っぷしが強い人だったし」と言って笑った。

納得できないまま、次の部屋に向かう。

部屋の配置から察するに多分、居間である。ここもまた、慎重に退けていく。

今度も地蔵があったりして。ふざけ合いながら進む。確かに地蔵は見つからないが、代わりの物が足首に絡んできた。

持ちあげると、絡んでいるのは女性の髪に思えた。真っ黒で長い髪である。

祖母の髪であれば、白くて短いはずだ。辺りを掘り返すと、女性用の衣類が後から後から出てきた。

どこからどうやって調達してきたのか分からないものばかりだ。

幸弘さんも軽口を止め、難しい顔で作業している。

「うわっ！」

幸弘さんは、いきなり仰け反った。その手には小さな瓶がある。中身がよく分からない。

「おじさん、それ何が入ってんの」

幸弘さんは物も言わず、瓶を放ってきた。受け取って中身を見る。藤村さんも同じように仰け反った。

中に入っていたのは、どう見ても指であった。細くて小さい。子供か女性の小指である。

作り物だろうと言いつつ、藤村さんはじっくり眺めた。一瞬、ピクリと指が動いた気がして、思わず放り投げてしまった。
慌てて探そうとした手が、また何か妙なものを掴んだ。
何だろう、もう少し探ってみる――。
強く握り返された。

そこまでが限界であった。
先に逃げ出したのは藤村さんである。
その後に幸弘さんが続くのだが、部屋の真ん中から動こうとしない。
泣きそうな顔で幸弘さんは言った。
「膝を抱え込まれてるから動けない。逃げろ。この家、何かおかしい」
そう言い残して幸弘さんは、ゴミの山の中へ引きずり込まれた。
ようやく外に脱出できた藤村さんは、迷うことなく警察へ通報した。
警官が到着する間、外で座り込み、幸弘さんが出てくるのを待った。
十分後、到着した警察官とともに、再度突入した。
結果、誰も見つからなかった。
幸弘さんは、その日を最後にして消息を絶った。

結局、ゴミ屋敷は行政の手によって片付けられた。

幸弘さんが捕まった部屋は、畳が底の方まで血を含んでいたそうだ。一部は溢れて、床板まで濡らしていたという。

日常の女

坂口さんが友人の細川の家に招かれたときの話である。

細川は気さくな男で、皆から好かれていた。鉄道写真を趣味にしており、通勤途中の駅で何度か顔を見たことがあった。

ふとした切っ掛けで会話が弾み、それ以来ずっと友人関係が続いている。

ある日の飲み会で、お互いの家を訪ねてみようと話が盛り上がった。

最初に細川の家、次が坂口さんの家と決める。細川の家族は両親と妹が一人。全員、来客が好きなので気兼ねは不要という。

ならばということで、坂口さんは休日を選んで訪ねてみた。確かに細川の言葉通り、朗らかな家族である。

父親は息子と同好の士である。そもそも、鉄道写真を始めたのは父親が先なのだ。

幼い頃から一緒に連れ歩いていたらしい。

母親からも妹からも、楽しいエピソードを聞き、坂口さんはすっかりこの家族のファンになってしまった。

細川家も坂口さんが気に入ったらしく、晩御飯を是非にと提案された。断る理由がない。二つ返事で誘いに応じ、それまでの時間を細川の部屋で過ごすことになった。

綺麗に整理整頓された部屋である。当然のように細川は自分が撮影した写真を見せてきた。

全く興味がない鉄道写真だが、細川は日本全国で撮影しており、旅の風景画として楽しめた。

途中、尿意を催した坂口さんは、便所を借りた。一階の玄関右横、灯りのスイッチはドアの手前。

頭の中で復誦しながら向かう。その途上、ドアが開いたままの部屋があった。

何げなく室内を見ると、若い女が立っている。くすんだ赤いセーターと黒いロングスカートを着ている。

小声で挨拶し、会釈して通り過ぎた。部屋が暗く、顔までは分からなかったが、居間で紹介された妹とは違う人だ。

便所から戻るときもまだ立っていたので、再び会釈して通る。

赤いセーターの袖が長く、指先がちょこんと覗いているのが可愛らしく思えた。

戻った部屋では、細川は自分の写真に見入っていた。うん、やっぱりこの角度が最高だな等と呟いている。

苦笑しつつ隣に座り、今さっき見た女のことを訊ねた。

「ああ、あれ。そうか、言ってなかったな。忘れてた。あれは放っといていいよ」

思いがけない返事に坂口さんは言葉を失った。何か複雑な事情があるのだろう、ここから先は単なる好奇心になってしまう。

そう思い、坂口さんはそれ以上訊かなかったという。

夕方になり、晩御飯の支度が調った。テーブルには、すき焼きの用意がされてある。

恐縮する坂口さんにビールが渡され、乾杯。楽しい宴の始まりである。

僅か数分後、その楽しさに影が差した。

部屋の片隅に、あの赤いセーターの女が立っている。先程とは違って灯りが点いた部屋なのだが、依然として顔が分からない。

見えているのは間違いない。けれど、一瞬で忘れてしまう。見たものを脳が拒絶している。

さすがにこれは黙っていられない。坂口さんは、場の空気が悪くなるのを承知で訊ねた。

「あの、そこに立っている女の人はどなたなんですか」

真っ先に父親が答えた。

「あれは放っといていいよ」

「さっきも言っただろ。あれはああいうもんなの」

「お肉追加しますね。たっぷり食べてちょうだい」

「あ、お兄ちゃんずるいっ！　そのお肉、あたしが狙ってたのに」

賑やかな食事中、女はまるで置物のようにそこに立っていた。

途中、母親が何度か台所に立ったのだが、見事にその女を避けて通る。

ビールを取りに行く父親も同じように通る。意識した上での動きではない。

目の前に家具があれば、誰でも無意識に避けて通る。

そういった種類の、自然な行動に見えた。

食事を終え、坂口さんはカラオケに誘われたのだが、明日が早いからと丁寧に断った。

玄関先で見送る細川家に、もう一度お礼を言う。

四人の背後に女がいる。やはり顔を認識できない。

「また来いよな」

「いつでも歓迎だ。何なら息子がいないときでも構わんよ」

「次は焼肉にしましょう」

「今度こそカラオケ行こうね」

全員、溢れるような笑顔だったという。

ぬいぐるみの肉

今から二年ほど前、宮尾さんの身に起こったこと。

宮尾さんの趣味は園芸である。四季を通じて花で満ちる庭が自慢だ。

その中でも可愛がっているのは南天である。

そこは宮尾さんの愛猫、チャロのお気に入りの場所でもあった。

先月末、その南天の下でチャロの亡骸が見つかった。比較的大きな猫なのに、抱き上げたときは驚くほど軽かったという。

少し吐血していたが、チャロは病気になったことなどなく、健康そのものだった。

どうにも納得できない宮尾さんは、獣医師に死因の検査を依頼した。

その結果、脳が萎縮していることが判明した。それが死因なのか、何故そうなったかは不明である。

宮尾さんはチャロを火葬せず、大好きな南天の下に埋めることにした。

法律的には禁じられているかもしれないが、どうしても側に置いておきたかったのである。

チャロのお気に入りだった毛布で包み、南天に向かう。

そこに先客がいた。よく見かける野良猫と、大きなカラスである。

近づいて分かった。両者とも息絶えている。

野良猫もカラスもチャロと同じように血を吐いていた。

何かの伝染病かもしれない。行政機関に連絡したほうが良いのだろうか。

悩みながらも、宮尾さんは様子を見ることにした。

色々な理由が浮かんできたが、要するに面倒だったのである。

それよりも、チャロのついでに深く埋めてしまうほうが楽だ。南天から少し離れた植え込みの下を掘り始める。

隣家との境界線代わりである為、後ろめたいのは確かだ。他に幾らでも場所はあるのだが、何故かそこを指定された気になったという。

掘り進めていくうちに、土の様子が変わってきた。

妙に生臭い。かなり湿っている。腐った泥というのが最も近い表現だ。

臭いは徐々に酷くなってくる。もうここら辺でいいかと手を止めた瞬間、穴の奥に何か黒い物が見えた。

どうやら布に包んであるようだ。慎重に掘り進め、包みを取り出してみた。途端に臭いが強くなる。

長さ二十センチ程度。ずっしりとまではいかないが、割と重い。持った感触は、ぐにゃりとして柔らかい。

布はスカートだった。そっと広げてみる。いよいよ臭いが酷くなってきた。

中から出てきたのは、ウサギのぬいぐるみであった。

本来の色は白だったのだろう。だが、今は薄汚れた上に、所々血に塗れている。

ぬいぐるみにしては重すぎる。不審に思った宮尾さんは、悪臭に耐えながらぬいぐるみを調べてみた。

腹部に粗い縫い目がある。一旦切り裂いて、また縫い直したような跡だ。

少しだけ広げてみる。その途端、中から血にまみれた肉片がこぼれ落ちた。

何の肉かはどうでもいい。問題は、腐敗した肉を詰め込んだぬいぐるみが、庭に埋められていたという事実だ。

もう一つ問題がある。宮尾さんは、このぬいぐるみに見覚えがあった。

隣家の娘が持っていたものとよく似ている。というか、正にそのものだ。

いつも左耳を持ってぶら提げている為、今にも千切れそうになっていた。

右目がボタン、左目は真っ黒な丸を描いただけだ。

今、手元にあるぬいぐるみは、その特徴を二つとも兼ね備えている。

しばらく考えた上で、宮尾さんはぬいぐるみを隣家に持っていくことにした。

隣家は一カ月前に引っ越してきたばかりで、それほど親しくはないのだが、だからこそハッキリとさせておきたい。

ポリ袋にぬいぐるみを入れ、隣家の呼び鈴を押す。

家の中では、誰かが悲鳴をあげている。

応対を待つ間、宮尾さんは隣家の娘のことを頭に思い浮かべていた。

ぬいぐるみを持ち歩いているが、もう二十歳を過ぎている。引っ越してきたばかりの頃は、真新しいスーツで出勤していた。

顔を合わせると、爽やかな笑顔で挨拶をしてくれたものだ。

その一週間後、娘はぬいぐるみを持って道に立っていた。その間に何があったか知る者はない。

宮尾さんはもう一度呼び鈴を押した。悲鳴が近づいてくる。

ドアが開いた。そこに立っていたのは、娘であった。娘は悲鳴ではなく、泣いているようだ。

とてもではないが、話せるような状態ではない。お母さんはいるかと訊いたが、返ってくるのは泣き声だ。

宮尾さんは軽く詫びを入れ、引き上げようとした。

その途端、娘が飛びついてきた。

「ああっ！　あああああっ」

ぬいぐるみを奪おうとする。

「あ、これやっぱり君のなの？　うちの家の庭に埋められてたんだけど、なんでか知らない？」

物凄い力でぬいぐるみを奪い取り、娘は庭に向かった。

やはり右耳を持ってぶら提げている。点々と残る血や肉の跡を辿り、宮尾さんは娘を追った。

娘は、庭の片隅にうずくまって何かしている。どうやら土を掘っているようだ。

まるで犬のように手で土を掻いている。凄まじい集中力と腕力で、娘はあっという間に穴を掘り終えた。

よく見れば、土というよりも泥のような状態である。

次に娘は、自らの髪の毛を大量に引きちぎり、ぬいぐるみの体内に押し込んだ。

そうしてから、掘ったばかりの穴の奥へぬいぐるみを優しく置いた。

そこは、つい先程、宮尾さんが人形を掘り出した穴と同じ位置だ。

なるほど、こいつが私の庭まで穴を掘り進め、あのぬいぐるみを設置したわけだ。

作業を終えた娘は、再び泣き叫びながら家に戻っていった。

宮尾さんは唖然として、その姿を見送るしかなかった。

どういう意図を持って、隣家の庭にあのような物を埋めるのか。

それが知りたい。とはいえ、宮尾さん自身も三年前に家を建て、越してきたばかりである。

細々と伝手を辿り、宮尾さんが手に入れた情報は僅かであった。

殆どに共通しているのが、そもそもあの家に住むほうが悪いという点だ。

言われてみれば、宮尾さんが引っ越してからずっと空き家のままである。

今回の引っ越しは、凡《およ》そ三年ぶりらしい。

ぬいぐるみを返してから程なくして、隣家に不幸が押し寄せてきた。

父親が事故死、母親は首吊り自殺、娘だけが残された。

当然ながら、そのような状態の娘がたった一人で生きていけるわけがない。

噂によると、どこかの施設にいるらしい。

この話から、今年で二年経った。

ずっと空き家だった隣に、新しい家族がやってきたという。

朗らかな四人家族である。自宅購入の資金を貯める為、この家へ越してきたそうだ。

最近、下の娘が高校に行かなくなった。

ずっと引きこもっているのだが、時折、外気を吸いに出てくる。そのときにはぬいぐるみを持っている。

犬のぬいぐるみだ。

その尻尾を持って振り回しながら、娘は玄関先に立っている。

美しい家

今から二年前のこと。

大西さんは、とある地方都市に家を建てた。

間取りは四ＬＤＫ、夫婦と娘の梨乃ちゃんの三人暮らしには丁度良い広さである。

近隣も似たような住宅が並んでいる。大西家の右隣は空き家だが、左隣には井沢と表札が掛かっている。

母子家庭らしく、母と娘の二人暮らしである。娘の名は舞衣子、梨乃ちゃんより二つ下だ。

母親の方は、近隣の店や施設など分からなければ何でも訊いてほしいなどという。

人当たりが良く、実に申し分ない隣人である。楽しい生活が営めるものと思っていたのだが、大西さんは妙なことに気付いた。

空き家は右隣だけではなかった。町内そのものに空き家が多いのである。

しかも、いかにも空き家という外見ではない。

人が住まなくなった家にあるような虚ろさがなく、ちょっとそこまで買い物に行ってますとでも言いたげな様子だ。

昼間はそうでもないが、夜ともなると辺り一帯が静まりかえる程である。

購入した時点で分からなかったのも無理はない。一度で良いから、夜間に下見するべきだったと大西さんは後悔した。

静かなのは良しとしても、治安の面では大いに不安である。

大西家は共稼ぎであり、夕方近くまで娘が一人だけということが多い。

今まで暮らしていた家は、すぐ近くに塾があり、夜遅くまで人の出入りがあったのだ。

そのせいか、梨乃ちゃんが何かにつけ怯えるようになった。

よく覚えていないが、変な夢ばかり見るのだとも言う。

誰かに誘われて、空き家に入っていくそうだ。

夢とはいえ、梨乃ちゃんは十四歳という多感な年頃だ。眠れない夜が続くと、精神的に不安定になる可能性が高まる。

だが、多少は心配になるものの、建てたばかりの家を売却するほどのことでもない。

空き家が埋まるのを待つぐらいでも構わない程度の問題だ。

とりあえず、大西さんは親子の会話を増やし、明るい家庭を保つよう心掛けた。

そこまで気を遣っていたにも拘わらず、梨乃ちゃんの様子は急速に悪化していった。

朗らかで笑顔を絶やさない子だったのに、終日塞ぎ込んでいる。外出するときは必ず勝手口を使い、正面の玄関は開けようともしない。

夢の中の自分が、正面玄関から出るからだという。

自分でもどうにかしたいとは思っているようだが、その気持ちが返って重荷になってしまっている。

状況は隣家にも伝わったらしく、井沢家が様子を窺いにきた。心配してくれている様子に、大西さんは救われた気になった。

夢の内容は必要ないと判断し、それ以外を話し始めた。

町内に空き家が多く、不安になったのが切っ掛けで、最近では笑顔を見たことがないのだと打ち明ける。

井沢は今にも泣き出しそうに瞳を潤ませ、こんなことを言い出した。

「大丈夫。確かに空き家は多いけど、私ら無事に二十年も暮らしてるんだから」

井沢は、いっそのこと空き家を見て回ったらいいとも言った。

窓ガラスが割れていたり、落書きされている家など一軒もない。それは、妙な輩が来ていない何よりの証拠である。

自分の目で確かめれば、きっと安心できるはずだ。

そう言われてみれば、その通りである。大西さんは心から感謝し、早速実行に移した。梨乃ちゃんを連れ、町内を散策する。井沢の言葉は正しかった。

梨乃ちゃんは一軒一軒を時間をかけ、時折頷きながらじっくりと観察している。

確かに、雑草こそ生えているものの、荒れた感じはない。

全ての空き家を巡り、帰宅する頃には笑顔すら見せるようになっていた。

翌日から梨乃ちゃんは、今まで通り玄関から出るようになり、家族間の会話も元に戻った。

井沢家とは以前にも増して親しくなり、舞衣子ちゃんとは本当の姉妹のようである。お互いの部屋に泊まることもあった。

それから二週間ほど経った頃、大西さんは奇妙なことに気付いた。

梨乃ちゃんはどちらかというと小太りな体型だ。肥満とまではいかないが、同年代の標準体重は軽く超えていた。

極端に痩せている舞衣子ちゃんと並ぶと、余計にそれが目立った。

それが目に見えて痩せてきているのである。食べる量は変わっていない。

むしろ、増えたぐらいだ。

どこか悪いのかと心配したが、本人は至って元気である。性格も変わらず、朗らかなままだ。

それでも念の為、大西さんは梨乃ちゃんを病院に連れていった。結果は良好である。

そういう年頃なんだろうと納得するしかない。

更に二週間、梨乃ちゃんは痩せ続け、顔つきまで変わってしまった。食事の量は相変わらずである。

さすがにこれはおかしい。重大な病気が潜んでいるに違いないと判断した大西さんは、しっかりした総合病院を探した。

検査入院の為、梨乃ちゃんは一晩を病室で過ごすことになった。

一日目の診察を終え、梨乃ちゃんはベッドの上で静かに眠っている。

近くのホテルの一室を取り、大西さんは妻と交替しながら付き添った。

深夜、梨乃ちゃんがうなされ始めた。声をかけて起こそうとしたが、眠りが深く目覚めようとしない。

目を固く閉じたまま、ぼそぼそと何事か呟いている。数分後、ハッキリと聴き取れるようになってきた。

「たすけて。出られないの。たすけて。ここから出して」

あまりにも悲痛な声に、大西さんは思わず返事をしてしまった。

「どうした梨乃、お父さんここにいるよ」

「お父さん、たすけて。ここから出して」

ここというのは何処なのか重ねて訊く。梨乃ちゃんが言うには、町内にある空き家のどれからしい。

そこに閉じ込められたまま出られないのだという。

その後、梨乃ちゃんは数分間に渡り、助けてほしいと言い続けた。

朝になり、目を覚ました梨乃ちゃんはいつも通りである。

寝言のことを訊いても、まるで覚えていなかった。

検査は終わったが、結果が分かるまでには日数が掛かる。

大西さんは梨乃ちゃんを連れて帰宅した。

その夜、大西さんは何度か梨乃ちゃんの部屋に入り、寝言を言っていないか確認した。

いつ行っても、梨乃ちゃんは穏やかに眠っていた。

検査結果はまたしても問題なしであった。梨乃ちゃんの痩せ方も徐々に落ち着いてきている。

心配する必要はなくなり、大西家は次第に日常を取り戻した。

ある夜のこと。

大西さんの夢に梨乃ちゃんが現れた。夢の中の梨乃ちゃんは、以前のように丸々としていた。

見知らぬ家の中で何事か叫んでいるが、音は聞こえてこない。

全くの無音状態にも拘らず、大西さんには何と叫んでいるのか分かった。

「お父さん、たすけて。ここから出して」

あのとき、病室で聞いたのと同じだ。

目覚めてから、大西さんは会社に欠勤を連絡し、外に出た。

町内の空き家を虱《しらみ》潰しに調べていくつもりである。何をやっているのか、自分でも分からない。

けれど、どこかの家に梨乃ちゃんがいる気がしてならなかった。

調べるといっても、中に入れるわけではない。外側から覗き込むだけだ。

始めてから七軒目。黒い扉の家の前に立った瞬間、大西さんはここに違いないと確信した。

理屈ではない。直感である。庭に回り、ガラス窓から中を覗き込む。

そこに梨乃ちゃんがいた。痩せてしまう前の見慣れた姿である。

それともう一人。井沢家の舞衣子ちゃんがいた。梨乃ちゃんの隣に座り、手を握っている。

どういうことか理解できないが、とにかく窓ガラスを叩いて名前を呼んだ。

梨乃ちゃんは微動だにしない。その代わり、舞衣子ちゃんがゆっくりと顔を横に向けた。

舞衣子ちゃんには、大西さんが見えているようだ。がっちりと視線が合う。

舞衣子ちゃんは刺すような目で大西さんを睨みつけ、立ち上がった。

次の瞬間、二人とも消えてしまった。その後、幾ら待っても出てきそうにない。

大西さんは急いで自宅に戻り、驚く妻に梨乃ちゃんが何処にいるか訊いた。

「何よもう。さっき学校から戻ってきて、部屋にいるわよ」

確かに梨乃ちゃんは部屋にいた。きょとんとした顔で、突然入ってきた父親を見ている。

「ノックぐらいしてよ、お父さん」

間違いなく、これは娘だ。けれど、さっき見たのも間違いなく娘だ。

何が何だか分からなくなった大西さんは、曖昧に返事をして部屋を出た。その足で井沢家に向かう。

井沢家は生憎《あいにく》、留守であった。

家の外でしばらく待っていると、舞衣子ちゃんが学校から帰ってきた。

舞衣子ちゃんは柔らかく微笑み、家に入ろうとする。

大西さんは呼び止め、思い切って訊いてみた。

「君、さっきまでうちの子と一緒にいなかったか？」

舞衣子ちゃんは、何も答えず笑いながら家に入っていった。


黒い扉の家には何度か行ってみたが、あの日以来、二人を見かけることはなかった。

梨乃ちゃんは再び痩せ始め、歩くことさえできなくなった。

井沢家の母娘は心配してお見舞いに来てくれるのだが、大西さんは丁重に断った。

こいつらは何か隠している。そもそもの発端は、この母親に勧められて空き家を見て回ったからだ。

だがそれをどうやって世間に知らしめればいいのか。どこに訴えればいいのか。

解決の糸口が掴めないまま、無駄に時間が過ぎていく。

大西さんは隣町にアパートを借り、そちらで暮らし始めた。家を売る気はない。

いつでも戻れるように手入れを欠かさず、井沢家がどう動くか静観することにしたのだという。

引っ越してもなお、梨乃ちゃんは元通りにはならず、寝たきりである。

それでも、高校受験の勉強は欠かさないそうだ。

名前を付ける

久代さんは、昨年の四月に母親になった。
娘の名は未優ちゃん。久代さんに似た優しい目鼻立ちの子である。
未優ちゃんは、至って手の掛からない子であった。
これといった病気もせず、夜泣きも滅多にしない。
母や姑から言われていた育児の大変さとは無縁の毎日である。
八カ月を過ぎた頃、久代さんは夫の車で新居へ向かっていた。
将来のことを考え、子供部屋のあるマンションへ引っ越したのだ。
幼稚園や小学校にも近く、商業施設も豊富にある。夫が頑張ってくれたおかげだ。
久代さんは、申し分のない住環境で家族仲良く暮らせる幸せに感謝していた。

それが起こったのは、朝から粉雪が舞う日である。
夫を見送った久代さんは、手際よく家事をこなしていた。
ベビーベッドの未優ちゃんが目を覚ます前に、ある程度済ませておくのが常である。

だが、その日は予定が狂った。未優ちゃんが大声で泣き出したのである。

泣くというより、絶叫と言ったほうが良いような状況だ。

それは、今までに一度も聞いたことがない激しさであった。

「はいはい、今行きますよ」

優しく声をかけながら、久代さんは寝室に急いだ。

母親の声が聞こえたせいか、未優ちゃんの泣き声はいよいよ激しさを増していく。

「どうしたのー、未優」

未優ちゃんは顔を真っ赤にして、口を大きく開け、全身全霊で泣いている。

抱き上げてあやしたが、一向に泣き止もうとしない。オムツを替えるついでに身体を調べたが、異常は見当たらない。

着ているものは、ゆったりとしている。授乳は拒否された。

試せることは全てやってみたが、状況に変化はない。暖かくして、外に出てみた。

とはいえ、季節は真冬である。遠出はできない。

泣き叫ぶ未優ちゃんを抱いて、久代さんはマンション専用の公園に向かった。

早朝である。さすがに人影はない。ふと気付くと、いつの間にか未優ちゃんは泣き止んでいた。

ほっと一安心し、自宅に戻る。すやすやと眠る未優ちゃんを、ベビーベッドに戻す。
横にした瞬間、未優ちゃんは目を開けた。
しまった。失敗した。また始まるかも。我知らず、眉間に皺《しわ》が寄ってしまう。
が、未優ちゃんは目を開けたまま身動き一つしない。
静かなままだ。母親の顔すら見ていない。
声をかけたが反応がない。少し焦り、頬に触れてみた。
やはり変わらない。未優ちゃんの視線は、天井に向かっている。
「未優ちゃーん、何見てるんですかぁ」
久代さんは未優ちゃんの視線を辿り、顔を上げた。
天井近くに赤ん坊が浮いていた。真っ赤なベビー服を着て、俯せに浮かんでいる。
手足を激しく動かしているのだが、音は一切しない。
見たことがない顔だ。何かに引っ張られるように、頬が伸びていく。
赤ん坊は、口を大きく開け、身体を震わせ始めた。
声は聞こえないのだが、明らかに泣いているのが分かる。
代わりと言っては何だが、未優ちゃんが泣き始めた。
さっき聞いたばかりの絶叫に近い泣き方だ。

慌てて抱き上げる。見上げると、天井の赤ん坊もまだ泣いている。

音が聞こえない分、余計に忌まわしく感じてしまう。

久代さんは、無我夢中で逃げた。リビングの窓際にへたり込み、子供部屋を睨みつける。

急いで逃げたからドアが開いたままだ。出てきたらどうしよう。

ベランダに逃げるしかないけど、そこから隣に移れるだろうか。

そうだ、塩、塩が効くかもしれない。いや、それよりもお酒がいいかも。

未優ちゃんを抱きしめながら、久代さんは必死に考えた。

一分経過。二分が過ぎ、三分経っても何も起こらない。

五分後、未優ちゃんがピタリと泣き止んだ。脱力し、眠り始めている。

恐る恐る子供部屋を覗く。何もいない。けれど、もう一度ベビーベッドに寝かせる気にはなれず、久代さんは夕方近くまで未優ちゃんを抱いたままだったという。

帰宅してきた夫には何も言えなかった。正直、自分でも信じられなかったのである。

翌朝はいつもと同じ平和な時間が過ごせた。

予定していた家事が終わるまで、未優ちゃんは穏やかに眠ってくれた。

考えるだけで身震いするほどだが、久代さんは天井の赤ん坊の特徴を思い出してみた。

恐らく一歳未満。ベビー服の色から判断して女の子。その程度しか分からない。

三日目、またしても未優ちゃんが絶叫し始めた。

久代さんは自分自身に喝を入れ、用意してあった塩と酒を持ち、未優ちゃんの部屋に向かった。

部屋の外から未優ちゃんに優しく声をかけ、思い切ってドアを開けて天井を見る。

いた。前に見たときと同じく、俯せのまま赤ん坊が浮かんでいる。

今回も赤いベビー服だ。ほんの僅かだが、久代さんに余裕があった。

その為、前回は気付かなかったことが見えた。

未優ちゃんは、赤いベビー服の子と同期するように泣いている。

泣き方も身体の震わせ方もそっくりそのままだ。そこまで見て取れた。

それがどういうことか分からないが、とりあえずいつまでも見てはいられない。

久代さんは、そっと近づいて赤ん坊に塩をぶちまけた。まるで効き目がない。

日本酒を吹きかけたが、それも同じく効果なし。

塩と酒などでは、どうしようもなかった。

見ていると、時折赤ん坊は激しく頷いている。乳児ではできない動作だ。

あまりにも異様な動きに目が離せない。逃げるのを忘れるほどである。

そのうち、久代さんはふと気付いた。

あの子、頷いてなんかない。揺さぶられているんだ。

ほらまた。その度に泣き方が酷くなっている。

それにつれ、未優ちゃんの泣き声も激しくなっていく。おかげで久代さんは、ようやく自分を取り戻せた。

そうだ。ここから逃げなきゃ。

立ち上がり、部屋から出る。今度はリビングではなく、外に向かった。

そのまま帰ることもできず、かといって冬の戸外に居続けることもできず、とりあえず久代さんは近所のスーパーに向かった。

フードコートに座り、ぼんやりと時間を過ごしていたが、腕の中の未優ちゃんの温もりが正気を取り戻させてくれた。

幸い、携帯電話は持っている。躊躇っている場合ではない。

久代さんは、夫に連絡を取り、未優ちゃんの具合が悪いと嘘を吐き、可能な限り早く戻ってもらえるよう頼んだ。

自らも気合いを入れ、マンションに向かって歩き出す。

敷地内に入ると、今正にマンションから出てくる人がいた。隣の部屋の崎山さんだ。

ゴミ袋を下げている。そう言えば今日は、燃えるゴミの日だ。

いつもの日常が何よりも嬉しく、久代さんは泣きそうになったという。

「あ。おはよう、未優ちゃん。どこ行ってたのかなぁ」

優しく話しかけられ、久代さんは思い切って訊ねてみた。

「あの。変なこと訊いて申し訳ないんですが、このマンションって何か変な噂ありませんか？」

「変な噂？」

「例えば真っ赤なベビー服の赤ん坊とか」

崎山さんは何も知らないようであった。久代さんは曖昧に口を濁し、話を終えた。

「それじゃあ」

「あ、そうだ。最近、未優がよく泣いててごめんなさい。うるさいでしょ」

崎山さんは足を止め、何のことか訊いてきた。

「いや、だから未優の泣き声が」

聞いたことがないと首を捻っている。

今朝も泣いたのだと説明しても、頑なに知らないと言い張る。

結局、久代さんが退くしかなかった。

どういうことか分からないが、とにかく今はそれどころではない。

久代さんはマンションを見上げ、覚悟を決めた。

自宅のドアを開け、中の様子を窺う。静かである。未優ちゃんは目を覚ましているが、特に変わった様子は見られない。

未優ちゃんを強く抱きしめながら、子供部屋を覗く。

いない。そっとドアを閉め、リビングに向かう。

朝から何も食べていない未優ちゃんは、離乳食を残さず食べ尽くし、玩具で遊び始めた。

穏やかな日常の光景をぼんやりと眺めながら、久代さんは夫の帰りをひたすら待った。

幸い、夫はいつもより三時間も早く帰宅してくれた。

今にも泣き出しそうな様子で、額に汗を光らせている。無邪気に遊ぶ未優ちゃんを見て、夫はようやく笑顔になった。

全てを打ち明けようと決めていた久代さんだが、その笑顔に心が揺らいだ。

夫はしばらく有給休暇を取ってくれたらしい。ならば、一度ぐらいはあの赤ん坊を目撃するだろう。話はそれからだ。

そしてその機会は、あっさりと訪れた。

夫が未優ちゃんを寝かせ付ける為、子供部屋に入ったのである。

あとは泣き出すのを待つだけだ。部屋に入って十五分後、例の絶叫が始まった。

きっと今、天井に浮かんでいる。竦《すく》む足を叱りつけ、久代さんは子供部屋に向かった。

案の定、天井に赤ん坊がいる。夫は、いきなり入ってきた久代さんに驚いたようで、何事かと見つめている。

それだけだ。この人は何故、泣き叫ぶ未優を放置しているのだろう。

「ねえ、何してんのよ。未優、泣いてるじゃない」

久代さんは声を荒らげた。それでも夫はきょとんとした顔を変えない。

「は？　泣いてないよ。そっちこそ何言ってんの」

久代さんは最後の言葉を放った。

天井を見てよ。赤ん坊が浮かんでるでしょ。

見てよ見ろよ見なさいよ。しつこく繰り返す。

夫はムッとした顔で天井を見た。どうだ。いるだろう。泣いてるだろうが。

「何がいるってんだよ。静かにしろよ、未優が起きるだろうが」

未優が起きるとは、どういうことだ。泣いているではないか。

今にも張り裂けそうに口を開け、身体を震わせて。本当にそれが見えないのか。

何度言われても見えないものは見えない。未優も泣いてなどいない。

怒気をはらんだ態度で言うと、夫は久代さんを部屋から追い払い、ドアを閉めた。
「開けてよ、未優が泣いてるじゃない、どうするつもりよ」
すっかり辺りが暗くなってから、夫は部屋から出てきた。
君は少し疲れているようだ。そう言い残し、夫は未優ちゃんを抱いて出ていった。
それが最後の姿であった。
夫が運転する車は玉突き事故に巻き込まれてしまったのである。
未優ちゃんは即死だったという。

久代さんは引っ越しもせず、一人で暮らしている。
赤いベビー服の赤ん坊は今でも出てくる。相変わらず無音で泣いている。
久代さんは、その子に未優と名前を付けたそうだ。

山の人

鶴田夫妻に纏わる話。妻である良子さんから聞いた。

夫の貴之さんは大の釣り好き、良子さんは野菜作りを趣味としていた。二人でよく旅行にも行くが、観光地には行ったことがない。

常に田舎で過ごす。二人とも田舎暮らしに憧れており、いつの日か必ず家を買おうと話し合っていた。

その願いが叶ったのは、貴之さんの定年退職後だ。

出世に縁はなかったが、真面目に勤め上げたおかげで購入の目途が付いたのである。

老後の生活も考え、無理のない範囲で物件を探したところ、幾つか候補が見つかった。

そのうちの一つに二人は釘付けになった。資料を見る限り、理想的である。

家のすぐ裏に川が流れている。川向こうは山だ。秋ともなれば、紅葉を愛でながら風呂に入れるだろう。

敷地内に、かなり大きな畑もある。次から次へと夢が膨らんでいく。

鶴田夫妻は、早速現地に向けて車を走らせた。

穏やかな田園風景が続く。高い建物が一つも見えない。見渡す限り、田圃と畑だ。

それだけでも気分が良い。目的の家に到着し、更に気分は高揚した。

資料に偽りはなかった。それどころか、期待を上回る環境である。

澄み切った川は魚影が濃く、幾らでも釣れそうだ。

日当たりの良い畑は、土壌も良い上に清冽な湧き水もある。好きな野菜を作れと言わんばかりだ。

勿論、家自体も悪くない。内装や設備は、都会とあまり変わらない。

快適とまではいかないが、そこそこの暮らしは営めそうだ。

鶴田夫妻に、即決以外の選択肢はなかった。


新しい暮らしを始めて三日目。

良子さんは早朝から畑に出て、何をどのように育てるか思案していた。

そろそろ朝食の準備に戻ろうとしたとき、視界の片隅に人が見えた気がした。

昇り始めた朝陽が川向こうの山を照らしている。やはりそうだ。名も知らぬ雑木に紛れて人が立っていた。

薄緑色の作業着を着た男性だ。こちらを見て笑っている。にこにこと、とても嬉しそうだ。

林業関係の作業員だろうか。良子さんは何げなく会釈し、家に戻った。

台所の窓から丁度その場所が見えたが、男はもういなかった。

貴之さんは朝食後、昼飯は任せとけと言い残して釣りに向かった。

良子さんは片付けた食器を洗い始めた。時折、外を見てしまう。作業着の男のことが、何故か気になって仕方ない。

洗い終えてからずっと、良子さんは畑仕事に励んだ。その間も、何度となく男がいた場所を見てしまう。そんな自分に気付き、慌てて目を逸らした。

貴之さんは、昼少し前に戻ってきた。大漁である。約束通り、昼食のおかずは確保できた。

焼きたての魚を楽しんでいた貴之さんは、何かを思い出したように箸を止めて話し出した。

釣りを楽しんでいたときのことだ。川の向こう岸に立つ男性に気付いた。地元の人なら、釣りの穴場を教えてもらおうと思い、貴之さんは大きな声で挨拶した。

男性は嬉しそうに笑うだけである。それ以上の反応はない。貴之さんは何度か接触を試みたのだが、全て無駄であった。

仕方なく無視して、釣りを続ける。いつの間にか男性は消えていたという。

「その人って、薄緑色の作業服着てた?」

何故分かるのだと驚く貴之さんに、良子さんはその朝の出来事を打ち明けた。

断定はできないが、恐らく同一人物である。やはり、この辺りを担当している林業関係者に違いない。

機会があれば、何をしているか訊いてみようと話は落ち着いた。

作業服の男性はそれからも頻繁に現れた。やってくる瞬間を見たことはない。いつの間にかそこにいるのが常だ。

そして、ふと目を離した瞬間に消えている。

何をされたわけでもない。ただそこにいて笑っているだけだ。にも拘わらず、貴之さんも良子さんも徐々に追い込まれていったという。

何者なのか。何をしているのか。目的は何なのか。

この三点が全く分からない人物が近くにいるのは、かなりの負担である。監視されている気になるのは当然だ。

良子さんは常に辺りを見渡してしまうようになった。貴之さんもどこかしら不機嫌で、些細なことで突っ掛かってくる。

暮らし始めて二週間目の朝。ちょっとした言い争いの後、今まで見せたことのない厳しい顔で貴之さんは宣言した。

「何だこれは。余生をのんびりと楽しむ為に、ここを買ったんだ。決めた。次見たら、納得いくまで説明させる。何ならそのまま警察に連れていく」

言葉にしたことで、貴之さんは肝が据わったらしい。

翌日、二人して畑仕事に精を出していたとき、例によって男が現れた。いつものように笑ってこちらを見ている。

貴之さんは深呼吸して、声を張り上げた。

「おいあんた、今からそこに行く。じっとしてろ、逃げるなよ」

貴之さんは川に近づき、上流に向かって走り出した。渡れそうな場所を見つけ、腰まで川に浸かりながら向こう岸に辿り着いた。

今度は山を登っていく。木にすがりつくようにして、徐々に距離を詰めていく。

山歩きは釣りで慣れているのだろう。貴之さんは、あっという間に男がいる場所に着いた。

相手は得体の知れない人物である。暴力を振るいそうな相手とは思えないが、良子さんは気を揉みながら見守った。

貴之さんが険しい顔で怒鳴った。

「あんたは何者だ、うちに何の用があっていつも見てるんだ!」

それに対して男は、笑ったまま何か言い返した。声が小さくて何を言ったかまでは分からない。
二、三回、言葉を交わした後、貴之さんはいきなり笑いながら服を脱ぎ出した。
あっという間に全裸になった貴之さんは、ズボンから外したベルトを使い、近くの枝に輪っかを作った。

唖然として見つめていた良子さんは、我に返って叫んだ。

「あなた、何やってるの! ねえ、返事して!」

だが、貴之さんは良子さんを見向きもせず、作業着の男に深々と一礼し、ベルトの輪に首を通した。

斜面に生えた樹の枝である。地面まで十分な空間があり、労せずしてぶら下がることができた。

こうして貴之さんは、笑顔のまま首を吊った。

悲鳴をあげながら良子さんは助けに向かった。貴之さんと同じ経路を辿り、向こう岸を目指す。

が、どうしても山を登ることができず、再び家に戻るしかなかった。

警察と救急隊が到着するまで、良子さんは夫が死んでいくのを見守るしかなかった。

その間、作業着の男は貴之さんの隣に浮かび、いつもより楽しげに笑っていたという。

貴之さんは自殺と断定された。警察官に、作業着の男のことを伝えたが、調べてみますと言われただけである。

その後、何の音沙汰もない。

良子さんは、田舎を離れて都会に戻った。あれほど好きだった野菜作りは、やろうとも思わない。

あの家は今でも時々、売りに出されているらしい。

あとがき

暦は還る

私事ではあるが、今年の一月に還暦を迎えた。普段の私を知っている人は、割と驚いたらしい。まさか六十歳の爺さんとは思ってもみなかったのだろう。

それだけ、普段の私に落ち着きがないということだ。

何かに興味を持ったが最後、その枝葉末節まで追いかける性格は、物書きとしては合格かもしれないが、日常生活となると厄介なだけだ。

若い頃は、その執拗さで音楽を突き詰めていた。今は怪談を追い求めているのだが、基本的にアプローチの仕方は変わらない。

例えば誰かの演奏を聴いているとき、皆が気にも留めないような一節が不思議と耳に残る。

その理由を考え、実践し、納得できるまでやってみる。その過程において、新たな音楽を発見し、そちらにものめり込む。

結果、様々なジャンルの音楽に詳しくなった。

これは怪談にも当てはまる。誰かの会話を聞いていて、何でもない出来事や言葉に、歪みを感じる。

ん？　今のおかしくないか。何げなく言っていたけど、よくよく考えてみると引っ掛かるぞ。

どれどれ……と拡大してみる。小さな棘だが、異様に鋭い。尖《とが》り方も変だ。

とことん追究し続け、唐突に全貌が掴めたりする。

やった、見つけたとなるわけだ。

ところが音楽とは違い、それによって様々なジャンルの怪談を追い求めるようにはならなかった。

私が引っ掛かるのは、何かに絶望し、諦め、或いは無視しようと足掻く棘である。

そういった棘ばかり集めている以上、当然だが無傷では済まない。

この棘はどう持っても刺さる。

しかも私は話を聞くとき、無防備を心掛けている。一切のフィルターを付けない。

単著を一冊書き終えたら、その話の数だけ棘が刺さっている。

六十を過ぎた身体には、些か骨身に応える。

正直、いつまでできるか分からない。だが最近、やらなければならない理由ができた。

SNSで、こんなことを言ってくださる人達がいる。

「つくね乱蔵の本は名前買いしてる」

言われたときは単純に喜んでいたのだが、考えてみるとこれほど重い言葉はない。

私という物書きを手放しで信用してくれるのだ。数ある実話怪談の本の中で、私を選んでくれたのだ。

ならば応えねばなるまい。

たとえ、この身が棘だらけになろうが、行けるところまでは全力で行く。

今回も内臓を掻き回す話を集めた。

令和元年を見送るに相応しかったかどうかは疑問だが、とりあえず楽しんでいただけたら幸いだ。

いつまでも、厭な棘をお届けできるように頑張ります。

令和元年　底冷えのする湖国より　　つくね乱蔵

怪談マンスリーコンテスト
怪談最恐戦投稿部門

プロアマ不問！
ご自身の体験でも人から聞いた話でもかまいません。
毎月のお題にそった怖〜い実話怪談お待ちしております！

【1月期募集概要】
お題：　帰省に纏わる怖い話

原稿：　1,000 字以内の、未発表の実話怪談。
締切：　2020 年 1 月 20 日 24 時
結果発表：　2020 年 1 月 29 日
☆最恐賞１名：Amazon ギフト 3000 円を贈呈。
※後日、文庫化のチャンスあり！
佳作３名：ご希望の弊社恐怖文庫１冊、贈呈。
応募方法：　①または②にて受け付けます。
①応募フォーム
フォーム内の項目「メールアドレス」「ペンネーム」「本名」「作品タイトル」を記入の上、「作品本文（1,000 字以内）」にて原稿ご応募ください。
応募フォーム→ http://www.takeshobo.co.jp/sp/kyofu_month/
②メール
件名に【怪談最恐戦マンスリーコンテスト 1月応募作品】と入力。
本文に、「タイトル」「ペンネーム」「本名」「メールアドレス」を記入の上、原稿を直接貼り付けてご応募ください。
宛先：　kowabana@takeshobo.co.jp
たくさんのご応募お待ちしております！

★竹書房怪談文庫〈怖い話にありがとう〉キャンペーン第１弾！
【期間限定】人気作家が選ぶ最恐怪談 99 話、無料配信！

竹書房怪談文庫の公式 twitter にて、期間中毎日、人気作家自薦の１話をお届けします！
また、気に入った作品をリツイートしてくれたユーザーから抽選で 100 名様にお好きな怪談文庫をプレゼント。詳しい情報は随時つぶやいてまいりますので、ぜひフォローください！
●キャンペーン期間：2019 年 10 月 28 日〜 2020 年 2 月 3 日（全 99 日間）
●竹書房怪談文庫公式 twitter：@takeshobokaidan

本書の実話怪談記事は、恐怖箱 厭還のために新たに取材されたものなどを中心に構成されています。快く取材に応じていただいた方々、体験談を提供していただいた方々に感謝の意を述べるとともに、本書の作成に関わられた関係者各位の無事をお祈り申し上げます。

あなたの体験談をお待ちしています
http://www.chokowa.com/cgi/toukou/

恐怖箱公式サイト
http://www.kyofubako.com/

恐怖箱 厭還
2020年 1月3日 初版第1刷発行

著者 つくね乱蔵
総合監修 加藤 一

カバー 橋元浩明（sowhat.Inc）
発行人 後藤明信
発行所 株式会社 竹書房
〒102-0072 東京都千代田区飯田橋 2-7-3
電話 03-3264-1576（代表）
電話 03-3234-6208（編集）
http://www.takeshobo.co.jp
印刷所 中央精版印刷株式会社

定価はカバーに表示しています。
落丁・乱丁本は当社までお問い合わせ下さい。

ISBN978-4-8019-2125-2 C0193

竹書房
怪談
文庫